Gerhard Regel/Thomas Kühne
Arbeit im offenen Kindergarten

Profile für Kitas und Kindergärten

Gerhard Regel/ Thomas Kühne

Arbeit im offenen Kindergarten

Herder Freiburg · Basel · Wien

Alle Rechte vorbehalten – Printed in Germany
© Verlag Herder Freiburg im Breisgau 2001
Umschlaggestaltung: Dietmar Prill, Freiburg
Fotos: Hartmut W. Schmidt, Freiburg
Wir danken dem Evangelischen Kindergarten
Schloss Ricklingen sowie dem Evangelischen
Kindergarten Coppenbrügge für die freundliche
Unterstützung bei der Erstellung der Fotos.
Satz: Barbara Herrmann, Freiburg
Druck und Bindung: J. P. Himmer, Augsburg 2001
ISBN 3-451-27504-X

Inhalt

Viertes Kapitel:
Ein Tag im offenen Kindergarten

Eine Einstimmung

Die Weiterentwicklung elementarpädagogischer Konzepte ist seit Jahren ein aufregendes Thema. Einen besonderen Anteil daran hat die offene Kindergartenarbeit. Genauer gesagt sind es engagierte Erzieherinnen und Teams, die seit den achtziger Jahren Bewegung in die Kindergartenarbeit gebracht haben. Ihre kooperativen und kreativen Potentiale wurden zum Motor für Veränderungen, nicht zuletzt in Richtung auf eine zunehmend kindzentrierte Kindergartenpädagogik. Dieses selbstbestimmte Tun machte Erzieherinnen nicht nur stolz, sondern hatte auch auf viele andere eine ansteckende Wirkung, so dass die „offene Arbeit" auch als eine Basisbewegung bezeichnet werden kann. Veränderungen können jedoch nur erfolgen, wenn sich Erzieherinnen von lieb gewordenen Gewohnheiten lösen. Offene Arbeit bedeutet deshalb immer auch die Herausforderung, sich auf Neues einzulassen, Neues zu lernen und zu wagen. Aus diesem Grund verlaufen die Wege und Prozesse hin zum offenen Kindergarten in den einzelnen Einrichtungen recht unterschiedlich. Erfreulich ist an dieser Entwicklung, dass sich nun endlich die reformpädagogischen Bemühungen des vergangenen Jahrhunderts mehr und mehr durchsetzen, indem Kindern eine eigenständige Entwicklung ermöglicht wird. Die Praxis des offenen Kindergartens macht deutlich, dass Kinder die ihnen eingeräumten Möglichkeiten individuell und vielfältig nutzen können.

Wir laden Sie zu einer Auseinandersetzung mit der konsequentesten Veränderung offener Arbeit ein, wie sie sich besonders in Einrichtungen zeigt, die sich zehn und mehr Jahre im Prozess von der Pädagogik im Gruppenraum zu einer Pädagogik im ganzen Kindergarten befinden. Es ist der offenen Kindergarten, der Entscheidungsmöglichkeiten und Freiräume für Kinder erweitert und mit seiner liebevollen und anregenden Raumgestaltung drinnen und draußen herausfordernde Lernbedingungen schafft.

Was wir nicht bieten können, ist eine umfassende Theorie oder gar ein für alle Einrichtungen praktizierbares Konzept. Gleichwohl werden Sie für die offene Arbeit relevante Theorieaspekte erkennen. Diese ergeben sich aus dem reflektierenden Vorgehen eines Kindergartenteams, das diese pädagogische Idee der offenen Arbeit umsetzt, die im zweiten Kapitel erläutert wird. Dadurch entwickelt sich der offene Kindergarten nach und nach zu einem lebendigen Lern- und Wohlfühlraum mit einem sich immer deutlicher abzeichnenden Theoriegebäude.

Schlüsselthemen sind in diesem Veränderungsprozess Offenheit, die selbsttätige und selbstbestimmte Entwicklung von Kindern und Erwachsenen und die Handlungsforschung im kooperativen Praxis-Theorie-Praxis-Prozess. Wie sich im Rahmen dieses Geschehens Weiterentwicklungen etablieren, konkretisieren wir im dritten Kapitel durch die Beschreibung der veränderten Strukturmerkmale. Ein besonderer Platz kommt hierbei der Neuakzentuierung der Elternarbeit zu. Als Abschluss folgt mit dem vierten Kapitel die Schilderung eines Tagesablaufes in einem dreigruppigen offenen Kindergarten.

Wenn Sie als LeserIn mit der offenen Arbeit vertraut sind, werden Sie sich vielfach bestätigt fühlen. Sie werden jedoch auch zu einer größeren Bewusstheit finden und sicherlich neue Anstöße bekommen. Ist Ihnen der offene Kindergarten noch gänzlich unbekannt, wünschen wir uns Offenheit für seine Idee. Sie werden erkennen, dass Erzieherinnen in der Wahrnehmung ihrer Verantwortung für Kinder viel gewagt haben. Gleichzeitig haben sie ihr Selbstverständnis und ihre Professionalität erweitert. Erzieherinnen aus offenen Kindergärten erklären immer wieder, dass es für sie kein Zurück mehr gibt, auch wenn die veränderte Pädagogik oft nur in einem anstrengenden Prozess mit Kolleginnen aufgebaut und weitergeführt werden konnte.

Und trotz aller Veränderungen, die durch die offene Arbeit in Gang gesetzt werden, werden Sie auch entdecken, welche bewährten Aspekte einer über hundertfünfzig Jahre alten Elementarpädagogik bedeutsam bleiben. Aus diesem Grunde haben wir uns entschlossen, durchgängig den Begriff Kindergarten zu verwenden. Gemeint sind damit selbstverständlich auch die Tageseinrichtungen und andere Formen für Kinder im Vorschulalter. Durchgängig benützen wir aus Gründen der Vereinfachung das Wort Erzieherin für alle weiblichen und männlichen Mitarbeiter der Kindergärten.

Mit der nun folgenden kurzen Geschichte des offenen Kindergartens wollen wir von den Anfängen dieses Konzepts berichten, das für uns die beeindruckendste Veränderung im Elementarbetreich in den letzten fünfzig Jahren darstellt.

Wennigsen/Garbsen im Januar 2001
Gerhard Regel und Thomas Kühne

1 Wie alles anfing. Zur Geschichte des offenen Kindergartens

Der offene Kindergarten kam nicht von außen als Idee mit einer handlungsleitenden Theorie in die Einrichtungen, sondern entstand als eine Basisbewegung und hat deshalb eine komplexe Geschichte. Sie begann damit, dass wache, selbstkritische und reflexionsbereite Erzieherinnen und Kindergartenteams die Situation für Kinder durch die Öffnung der Gruppen verbessern wollten. Damit reagierten sie nicht zuletzt auf die Lebensverhältnisse heutiger Kinder und deren eingeschränkten Bewegungsmöglichkeiten. Öffnung bedeutete so in der Regel den Schritt vom Sitz- zum Bewegungskindergarten. Ein weiteres großes Thema war und ist bis heute die Erweiterung von Entscheidungsspielräumen für Kinder, um ihnen eine eigenständigere Entwicklung zu ermöglichen. Diese Aufgeschlossenheit für das, was Kinder brauchen und was ihnen gut tut, führte zu einem veränderten pädagogischen Selbstverständnis und veränderten Strukturen, bei der sich die Offenheit als Grundprinzip und Motor entpuppte.

Und noch etwas geschah während des Prozesses der Öffnung: Die Erzieherinnen entwickelten sich zu Handlungsforscherinnen. Immer wieder waren sie gezwungen, sich neuen Praxisfragen und -problemen zu stellen, eigene Lösungen zu finden und zu erproben und diese auch fundiert zu begründen. Das erklärt, warum die Auseinandersetzung mit verschiedenen theoretischen Aspekten über Lernen und Entwicklung zur Geschichte des offenen Kindergartens gehört. Teilweise ist sie auch von außen über Fortbildungen und Literatur in den Veränderungsprozess eingeflossen.

Wir beginnen die kurze Geschichte des offenen Kindergartens mit der Beschreibung auslösender Situationen.

1. Kinder zeigen den Weg zu notwendigen Veränderungen

Durch sorgfältige Beobachtung stellten Erzieherinnen fest, dass einzelne Kinder nach ihrer Eingewöhnung immer wieder den Raum verließen, um sich länger in der Garderobe, im Waschraum oder Flur aufzuhalten und dort mit dem Freund oder der Freundin zu spielen. Oder die Kinder wollten nach der Freispielzeit im Außengelände draußen bleiben, spielten einfach weiter oder versteckten sich. Aufgrund ihrer Aufsichtspflicht mussten die Erzieherinnen diese Kinder immer wieder in den Gruppenraum holen, womit sich so manche Erzieherin öfter beschäftigte, als ihr lieb war. Erst durch eine gründliche Reflexion konnten hinter solchen Verhaltensweisen ganz wichtige Bedürfnisse der Kinder entdeckt werden.

Beobachtungen in den Gruppenräumen selbst signalisierten noch deutlicher, dass etwas nicht stimmte. Spielten einige Kinder lebhaft miteinander, kam es zu massiven Störungen, weil es zu laut war oder etwas zerstört wurde, und die Erzieherinnen waren immer wieder gezwungen, die Kinder zu reglementieren und ihr Spielen zu regulieren. Sie erkannten, dass der für ruhiges Spielen in den Funktionsecken und an den Tischen gedachte Rahmen in Stammgruppen nicht mehr ausreichte. Unbefriedigend war auch, dass die pädagogische Absicht, einzelne Kinder in ihrer Entwicklung zu unterstützen, bei einer zunehmenden Zahl von „verhaltens- und sprachauffälligen" Kindern immer weniger möglich war. Später hat sich dann gezeigt, dass „Verhaltensauffälligkeiten" zum großen Teil hausgemacht waren, denn durch erweiterte Spielräume verschwanden diese von selbst.

Diese Beobachtungen im Kindergartenalltag wurden für die Erzieherinnen zum Motor, nach neuen Wegen zu suchen, um kindzentrierter zu arbeiten. Die Bedeutung äußerer Strukturen als fördernde oder störende Gegebenheiten wurden erkannt, und deshalb ging es mehr und mehr darum, Kinder nicht an bestehende Strukturen anzupassen, sondern die Strukturen an die Bedürfnisse der Kinder. Gleichzeitig beschäftigten sich die Teams neu mit der Aufsichtspflicht und stellten deren Vorrangigkeit in Frage.

2. Erweiterung von Entscheidungsspielräumen für Kinder

Die größere Freizügigkeit durch Strukturveränderungen wurde durch einen Trend begünstigt, der bereits in den siebziger Jahren seinen Anfang nahm: Kinder weniger zu bevormunden und ihnen mehr selbständige Entscheidungen zuzutrauen. So verschwand der gemeinsame Toilettengang und das gemeinsame Schlafen von Kindern aller Altersgruppen zu einer bestimmten Zeit; aus dem gemeinsamen Frühstück wurde das rollende oder gleitende Frühstück; aus der Beschäftigung das Angebot und aus dem angeleiteten Freispiel eines mit echten Freiheiten. Die Kinder bewiesen eine zunehmende Eigenständigkeit in diesen Bereichen, und so wuchs auch bei den Erzieherinnen die Sicherheit, dass Kinder für die Wahrnehmung ihrer Bedürfnisse selbst Verantwortung übernehmen können.

Wir denken, dass diese Erfahrungen das Öffnen der Gruppe und die Entwicklung zum offenen Kindergarten direkt oder indirekt begünstig-

ten. Die zunehmende Autonomie von Kindern setzte bei Erzieherinnen neue Lernprozesse in Gang so wie das schrittweises Abschiednehmen vom gewohnten bevormundenden Handeln. Es ist die Entwicklung zur Kindorientierung oder Kindzentrierung, die mehr oder weniger in fast allen Kindergärten Einzug hielt, wobei sie in offenen Kindergärten besonders konsequent angestrebt wurde und wird.

3. Bewegung wird zum Schlüsselthema

Die Öffnung der Gruppen ist mit der Entwicklung vom Sitz- zum Bewegungskindergarten verbunden. Das gilt besonders für Einrichtungen in Niedersachsen, wo die Psychomotorik im Lauf der achtziger Jahre immer bedeutsamer wurde. Seither ist die Psychomotorik auf der Basis des entwicklungspsychologischen Ansatzes Piagets für viele Kindergärten ein Grundbaustein für das elementare Lernen.

Die Psychomotorik betont nicht nur die Bedeutung des Bewegungsdrangs des Kindes und die Notwendigkeit, diesen auszuleben, sondern die ganze motorische Aktivität. Sie thematisiert das Verhältnis zwischen Körper und Psyche und weist auf komplexe Zusammenhänge zwischen dem Körperlich-Motorischen und dem Geistig-Emotionalen hin. Insofern erschließt sich durch die Psychomotorik eine ganzheitliche Sichtweise. Im Zusammenspiel von Wahrnehmung und Steuerung der Muskel- und Organsysteme nimmt die Sinnestätigkeit hierbei eine Schlüsselstellung ein. Die vielfältige Tätigkeit des Kindes beim Wahrnehmen, Bewegen, Handeln, Sprechen und Spielen erhält somit einen hohen Stellenwert für Lernen und Entwicklung. Erst wenn das Kind selbst etwas bewirkt hat, wird die dingliche und personale Welt für es bedeutungsvoll. Entscheidend ist, dass Kinder spontan aktiv sein können.

Dass der Schritt zum Bewegungskindergarten ohne die Öffnung der Gruppe nicht denkbar ist, hat sich sehr schnell gezeigt. Kinder brauchten Platz für großflächiges Spielen und zum Toben und Bewegen. Für Aktivitäten wie Höhlen bauen und Rollenspiele reichte der Gruppenraum noch aus, indem Stühle und Tische entfernt wurden. Für lebhaftes Bewegen und Bewegungslernen boten sich jedoch nur Halle, Flure, Bewegungsraum und der Außenbereich an, ausgestattet mit großen Materialien und bewegungsfördernden Geräten. Für viele offene Einrichtungen außerhalb Niedersachsens war die Bewegungsbaustelle (K. Miedzinski) die Basis, um den Kindergarten zu einem Bewegungskindergarten auszubauen.

4. Antworten auf veränderte Lebensverhältnisse von Kindern

Vielfach fand zeitgleich mit der Entwicklung des Bewegungskindergartens eine kritische Betrachtung der allgemeinen Lebensbedingungen heutiger Kinder statt. So wurde den Erzieherinnen z. B. bewusst, dass es heute im Gegensatz zu früher vielen Kindern an Freiräumen fehlt, innerhalb derer sie selbstbestimmt mit anderen Kindern zusammen und ohne die ständige Anwesenheit von Erwachsenen ihren Spiel-, Bewegungs- und Forschungsinteressen nachgehen können. Charakteristisch ist zusätzlich der Bewegungsmangel, der mit den vielen Erleichterungen bzw. Veränderungen des Alltagslebens zusammenhängt. Stichworte hierzu sind Knopfdruck-, Senso-, Auto- und Mediengesellschaft. Erlebnisse werden durch Knopfdruck ausgelöst; Menschen strengen sich heute körperlich immer weniger an; das genetisch mitgegebene große Energiepotential wird nicht ausgeschöpft. Das gilt besonders für Kinder mit ihrer sprudelnden Lebendigkeit.

Die gründliche Analyse und kritische Reflexion dieser Lebensweise hat vielfach bewirkt, Kindern alternative Lern- und Handlungsmöglichkeiten zu erschließen: statt Leistungsstress Lust und Freude durch Spontaneität, statt enger Strukturen erweiterte Strukturen, statt Überbehütung mit Restrisiko leben, statt Verkopfung lebendiges Lernen, statt verplanter Zeit selbstgestaltete Zeit, statt Einengung in den Ausdrucksmöglichkeiten die hundert Sprachen des Ausdrucks (Reggiopädagogik), statt Konfliktscheu Konfliktfreudigkeit mit weitgehender Selbstregulierung.

Diese kurzen Erläuterungen machen deutlich, dass der offene Kindergarten in einem Zusammenhang mit unserer aktuellen einseitigen, einengenden und reduzierenden Lebensweise steht. Indem die Erzieherinnen darauf mit der Öffnung im Kindergarten und nach außen in das Lebensumfeld der Kinder reagieren und dies differenziert in ihren schriftlichen Konzeptionen begründen, nehmen sie Verantwortung für Kinder wahr.

5. Offenheit als weiteres Schlüsselthema

Weiterentwicklungen gelangen dann am besten, wenn Offenheit im Team praktiziert wurde. Wie ein Prinzip zog sie sich durch die veränderte pädagogische Arbeit, brachte den Prozess voran oder verlangsamte ihn. Mit Offenheit ist die Bereitschaft und Kompetenz der Erzieherin gemeint, sich im Prozess der Umgestaltung mit Interesse und Lust „aufzuschließen" und in Beziehung zu treten. Das begann bei der eigenen Person, indem Gedanken, Gefühle, der erlebte Druck, Widerstände, Unsicherheiten, Verluste usw. wahrgenommen und ausgesprochen wurden. Es setzte sich fort in der Aufgeschlossenheit gegenüber einzelnen Kindern und ihren Lebenshintergründen sowie gegenüber allen Kindern des Kindergartens, gegenüber Kolleginnen und schließlich in der Bereitschaft, offen für Eltern, Träger und dem weiteren Umfeld wie Schule und Öffentlichkeit zu werden, und sich den kritischen Anfragen zu der veränderten pädagogischen Arbeit zu stellen. Das alles erforderte zugleich Wissenserweiterung, also Offenheit für Theorie, um die sichtbare praktische Veränderung kompetent und damit professionell zu begründen.

Bei fehlender Offenheit reduzierte sich die Veränderung zum offenen Kindergarten oft auf das Umgestalten der Räume, und es zeigte sich bald, dass das allein noch keine veränderte Pädagogik ausmacht. Offenheit bedeutete auch, alle Kinder aufzunehmen, die im Einzugsbereich des Kindergartens wohnen, also auch Kinder mit Behinderungen. Für die gemeinsame Erziehung von Kindern mussten dann die dafür erforderlichen Rahmenbedingungen geschaffen werden.

6. Praxisreflexion wird zur Handlungsforschung

Die Ausführungen über die Anfänge zum offenen Kindergarten machen die Eigenaktivität von Erzieherinnen deutlich. Durch die selbstkritische Praxisreflexion wurde Schritt für Schritt ein kindgemäßer und auf heutige Lebenssituationen bezogener Entwicklungsrahmen geschaffen, der jedoch nicht statisch ist, sondern variabel bleibt.

Als lernende Erwachsene suchten Erzieherinnen nach befriedigenden Lösungen. Sie lösten sich von gewohnten Denkweisen und fanden in diesem Prozess der Auseinandersetzung, auch unter Einbeziehung weiterführender Literatur zu einem veränderten pädagogischen Handeln. Damit wurden sie zu Forscherinnen, auch wenn ihnen das nicht unbedingt bewusst war.

Im Rahmen eines Erprobungsprojektes zur gemeinsamen Erziehung von Kindern mit und ohne Behinderung in Cuxhaven unter wissenschaftlicher Begleitung von A. J. Wieland, Universität Oldenburg, wurde ein solches Vorgehen mit dem Ansatz der Handlungsforschung in Verbindung gebracht. Bestehende Praxisprobleme wurden nach einem Schema aus der Aktionsforschung einer gemeinsamen Lösung zugeführt. Gemeinsam wurde nach Wegen gesucht und offene Strukturen einer gemeinsamen Erziehung entwickelt. Die Aussonderung von Kindern wurde damit beendet, was bis heute für alle Kindergärten in Cuxhaven gilt.

Es zeigte sich sehr schnell, dass die Handlungsforschung als Methodenkonzept auch im Kindergarten als sinnvolles Handwerkszeug zur Lösung von Praxisproblemen genutzt werden kann. Dabei wird nach folgendem Schema vorgegangen:

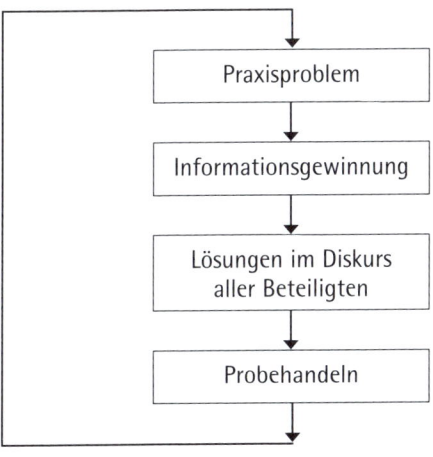

Einzelheiten zur Theorie und Praxis der Handlungsforschung sind in der Literatur zum offenen Kindergarten zu finden. In Kapitel 3 taucht sie noch einmal als Strukturmerkmal auf. Hier soll vor allem der Wert der Handlungsforschung als Methodenkonzept herausgestellt werden. Mit Methode wird der schrittweise praktische Weg des Vorgehens bei der Bewältigung von pädagogischen Fragen und Problemen bezeichnet – ähnlich wie bei der Planungsmethode des Situationsansatzes mit den Schritten des Erkennens, Planens und Handelns. In der Handlungsforschung beziehen sich die Praxisprobleme jedoch nicht nur auf Kinder, sondern auf alle Bezugsfelder: Kind – Kindergarten; Kind – Kinder; Kinder – Erzieherinnen; Eltern – Kindergarten (Erzieherinnen); Träger – Kindergarten; Umfeld (z. B. Schule) – Kindergarten. Das Konzept besteht darin, dass die inhaltliche Arbeit aus der Klärung der jeweiligen Dynamik im Interaktionsgeschehen entwickelt wird. Das erklärt auch, warum jeder Kindergarten seinen eigenen Weg der Öffnung geht.

Eine kind- und zeitgemäße Pädagogik im offenen Kindergarten ist also das Ergebnis individuellen und gemeinsamen Forschens und kann nicht einfach aus einer handlungsleitenden Theorie abgeleitet oder aus der Praxis anderer offener Kindergärten übertragen werden. Handlungsforschung bezieht sich immer auf eine spezifische Situation und hat den Charakter des Vorläufigen. Erst die Umsetzung zeigt, ob die Entscheidungen aus dem Diskursgeschehen richtig und sinnvoll waren.

Gemeinsam zu forschen und einen für die Kinder geeigneten offenen Entwicklungsrahmen aufzubauen erforderte, das Einzelkämpfertum der bisherigen Arbeit abzulegen und gemeinsam mit den Kolleginnen eine Teamentwicklung anzustreben. Ohne diese hätte die Basisbewegung der offenen Arbeit nicht stattgefunden.

7. Theorie zur Bewältigung von Unsicherheiten und Kritik

Bei der Umgestaltung und Weiterentwicklung ihrer Pädagogik hatten es die Erzieherinnen nicht immer leicht. Neue Schritte lösten oft kritische Fragen oder gar Ablehnung bei Eltern, Trägervertretern, Kolleginnen traditionell arbeitender Kindergärten und Lehrern aus oder führten zu eigenen Unsicherheiten. Aus diesem Grund waren die Erzieherinnen immer wieder gezwungen, in ihre Handlungsforschung auch theoretische Aspekte einzubeziehen, um sicherer handeln und Veränderungen begründen zu können. Dabei kristallisierten sich zwei Themenkomplexe heraus, die theoretisch untermauert wurden: die veränderte Sichtweise auf das Kind (Menschenbild) und neue Vorstellungen über Lernen und Entwicklung.

Zum ersten Thema machten Erzieherinnen überraschende Entdeckungen. In der Regel waren die Kinder durch die erweiterten Entscheidungsmöglichkeiten und größere Freiheit nicht überfordert, sondern zeigten und entwickelten eine erstaunliche Kompetenz, wenn ihnen Eigenständigkeit, Selbst- und Mitverantwortung sowie Partizipation zugetraut wurden. Sie konnten gut für sich und auch für andere sorgen und ihre Entwicklung durch ihre unermüdliche Aktivität, „Lust auf Welt" und Neugierde voranbringen. Die Kräfte der Selbstorganisation wuchsen, ebenso die Selbstzufriedenheit, Aggressionen gingen hingegen zurück.

Eine Fülle neuer Erkenntnisse über Kinder konnte gesammelt werden, und in einem weiteren Schritt ging es um die Suche nach theoretischen Begründungen. In reformpädagogischen Ansätzen fand sich eine wichtige Bestätigung. Eine besondere Bedeutung bekam dabei Maria Montessori. Sie hatte aufgrund genauer Beobachtungen festgestellt, dass Kinder in der Lage sind, sich sehr ausdauernd mit Dingen zu beschäftigen, die sie in ihrer Umwelt vorfinden und nach konzentriertem Tun einen überaus zufriedenen, glücklichen Eindruck machten. Als Bedingung dafür erkannte sie das Moment der Freiheit: Kinder müssen ihre Tätigkeit, ihre Spielpartner, ihr Tempo sowie die Dauer der Beschäftigung selbst bestimmen können und außerdem in ihrer Umwelt Materialien vorfinden, mit denen sie sich selbständig handelnd auseinandersetzen können. Die von ihr entwickelten Lernmaterialien ermöglichen dies.

Maria Montessori sah das Kind von der Geburt an als eigenständige Person, die sich einem inneren Bauplan gemäß eigenständig entwickelt. Das Kind ist „Baumeister seines Lebens". Erziehende können es in diesem Prozess lediglich unterstützen und sollten sich dessen in aller Bescheidenheit bewusst sein.

Diese Gedanken Maria Montessoris sollen hier Beispiel sein für eine stattgefundene Rückbesinnung auf Reformpädagogen des letzten Jahrhunderts, mit denen Erzieherinnen ihre Öffnung und konsequentere Kindorientierung begründeten. Eine wichtige Rolle in diesem Prozess spielten J. Korczak, C. Freinet oder L. Malaguzzi (Reggiopädagogik). So kam wichtiges pädagogisches Gedankengut zur Wirkung und breitete sich immer mehr aus.

Eine große Hilfe war auch die Arbeit von A. J. Wieland. Anfang der neunziger Jahre verwies er auf einen Paradigmenwechsel, nach dem das Kind nicht mehr Objekt erzieherischen Bemühens ist, sondern bezugnehmend auf eine Studie von Kautter et. al. Subjekt bzw. „Akteur seiner

Entwicklung". Auf der Ebene der Ethik bedeutete das, von der Idee des Veränderns zu einer des Verstehens zu kommen.

Das Thema Lernen und Entwicklung erfuhr vor allem durch Piagets Theorieaspekte eine tiefere Begründung, insbesondere in Verbindung mit der Psychomotorik. Piaget begreift Entwicklung als einen konstruktiven, spontanen Vorgang, den der Mensch eigenverantwortlich gestaltet und steuert. Lernen ist mit unmittelbaren Handlungen verbunden, ist handelnde Auseinandersetzung mit der Welt. Unter dieser Prämisse wird „Lernen aus zweiter Hand", insbesondere durch Medien, fragwürdig, da hier nur eine mittelbare Begegnung mit dem Leben möglich wird. Ebenso widersprechen vorgefertigte didaktische und therapeutische Konzepte oder methodische Tricks und Kniffe diesem Denken. Entscheidend ist, dass das Kind durch seine Umgebung, durch andere Kinder und durch Erwachsene angeregt wird. Für seine geistige Entwicklung benötigt es ständige Herausforderungen. Kinder müssen, wie Piaget es ausdrückte, „gestört" werden, um sich weiterzuentwickeln (Prinzip der Äquilibration). In der Auseinandersetzung mit neuen Situationen, den Dingen

und den Menschen werden sie aktiv und schaffen sich ein neues inneres Gleichgewicht nach eigener Logik.

Neben Piagets theoretischen Überlegungen fließen auch systemische, konstruktivistische, materialistische und neurobiologische Grundgedanken in die Begründungen offener Arbeit ein. Das alles geschieht einrichtungsspezifisch und wird in deren schriftlichen Konzeptionen zum Ausdruck gebracht.

Den vielfach benutzten Begriff Menschenbild in Verbindung mit der veränderten Sichtweise zum Kind sehen wir inzwischen kritisch. Ein Bild verführt allzu leicht dazu, es als Maßstab zu missbrauchen. Abweichungen können dann sehr schnell zu negativen Bewertungen führen und die offene Beziehungsaufnahme zum Kind erschweren. Uns scheint es sinnvoller zu sein, von anthropologischen Grundannahmen wie Autonomie, Selbstorganisation und Selbstbestimmung auszugehen und diese für alle Kinder anzunehmen, auch wenn das auf den ersten Blick nicht immer gleich erkennbar ist. Gehen wir jedoch offen auf Kinder zu, dann werden wir entdecken, dass sich jedes Kind von seiner Lebensgeschichte und seinem Erleben der Gegenwart her „logisch" verhält. Auf dieser Basis wird Verstehen möglich und der Weg zu einer angemessenen Begegnung geebnet.

Wenn wir im nächsten Kapitel die anthropologischen Grundannahmen als Grundlage für die pädagogische Idee des offenen Kindergartens betrachten, lösen wir uns von dem seit den achtziger Jahren gebräuchlichen Begriff vom Kind als „Akteur" seiner Entwicklung und sprechen stattdessen vom Kind als „Selbstgestalter". Wenn Kinder durch aktives Handeln eigenständig ihre Kompetenzen aufbauen, mag der Begriff Akteur noch stimmig sein. Entwicklung ist jedoch mehr als Kompetenzerwerb. Kinder bringen sich in der Auseinandersetzung mit der Umwelt originär zum Ausdruck, ziehen aus den Erfahrungen Rückschlüsse, weil sie spüren, was für sie gut ist, verändern dabei ständig ihre Sicht von der Welt und werden so zu einer unverwechselbaren Persönlichkeit. In diesem Selbstgestaltungsprozess sind Kinder nicht nur Akteure, sondern auch Konstrukteure und Baumeister ihres Lebens.

8. Kindergärten im Prozess der Öffnung

Wer genau hinschaut, kann feststellen, dass heute fast in allen Kindergärten Öffnungsprozesse stattfinden. Das Tempo und die Ausgestaltung der Öffnung und der Veränderung des Rahmens mit oder ohne Stammgruppen hängen von der Situation der Kinder, des Teams und von den örtlichen Gegebenheiten ab. Die Praxis zeigt, dass vier Akzentsetzungen den Prozess zum offenen Kindergarten besonders voranbringen:

- Die Öffnung der Türen: Dadurch werden Spielmöglichkeiten erweitert und die pädagogische Praxis gleichzeitig für Kolleginnen anderer Gruppen sichtbarer.
- Das gruppenübergreifende Arbeiten: Die Kinder besuchen andere Gruppen und pflegen Freundschaften, Angebote stehen für alle Kinder zur Verfügung. Damit eröffnen sich Möglichkeiten der Arbeitsteilung, und Erzieherinnen werden zu Fachfrauen.
- Die Gleichwertigkeit des Innen- und Außenbereiches während der gesamten Kindergartenzeit: Der Kindergarten erstreckt sich nun bis zum Zaun und ist nicht nur ein Haus mit einer Auslaufwiese. Gleichzeitig zwingt diese Veränderung dazu, das Außengelände nach und nach attraktiver zu gestalten.
- Die Umgestaltung der Gruppen- und Nebenräume sowie der Flurbereiche zu unterschiedlichen Spielräumen: Kinder können so besser ihren Spielbedürfnissen nachgehen als in Stammgruppen mit fünfundzwanzig Kindern. In Verbindung mit dem Außengelände und zeitweiser Abwesenheit von Kindergruppen durch Aktivitäten außerhalb des Kindergartens kommt es zu einer Entzerrung, die vor allem hausbedingte Aggressionen überflüssig machen.

Der Mut zu Veränderungen hat im Laufe des letzten Jahrzehnts ansteckend gewirkt und den Kreis der offen arbeitenden Kindergärten ständig erweitert. Die Erfahrungen zeigen, dass der Weg dahin zwei bis drei Jahre dauert, manchmal auch länger. Entscheidend ist dabei jedoch, sich immer des Prozesscharakters der Öffnung bewusst zu sein. Insofern ist es auch müßig, von halboffener Arbeit zu sprechen. Jeder Schritt in Richtung einer Öffnung ist offene Arbeit, die schließlich durch die qualitativen Veränderungen zum offenen Kindergarten führt.

2 Die pädagogische Idee des offenen Kindergartens

Die Ausführungen zur Geschichte des offenen Kindergartens machen vor allem deutlich, dass Erzieherinnen im Ringen um ein kind- und zeitgemäßes Profil und im Bewältigen von Praxisproblemen zu neuen pädagogischen Lösungen kamen. Der Begriff des offenen Kindergartens beschreibt weniger ein Programm für die konkrete Alltagsgestaltung als vielmehr eine Haltung und Einstellung von Erwachsenen im pädagogischen Umgang mit Kindern in Richtung auf mehr Autonomie und Selbstorganisation bei Lern-, Entwicklungs- und Bildungsprozessen.

- Kinder sind Selbstgestalter (Akteure) ihrer Entwicklung,
- Erzieherinnen Selbstgestalter (Akteure) ihrer Pädagogik, die gemeinsam als Team einen eigenen Weg gehen und so ihr pädagogisches Profil entwickeln.

Die pädagogische Arbeit auf der Grundlage veränderter anthropologischer Grundannahmen und konsequenter Kindorientierung sowie das kooperative Selbstverständnis bei den Erzieherinnen bilden eher den unsichtbaren Teil des offenen Kindergartens. Die damit verbundenen neuen Haltungen und Umgangsformen machen sich in erster Linie auf der atmosphärischen Ebene bemerkbar. Die sichtbaren Seiten zeigen sich durch bestimmte Perspektiven und Vorstellungen eines Entwicklungsrahmens, die sich in der konkreten Gestaltung von Zeit- und Raumstruktur, Freispiel, Angeboten und Projekten sowie Kommunikationsgruppen und anderen gemeinschaftlichen Formen niederschlagen. Auf sichtbarer und unsichtbarer Ebene befinden sich Erzieherinnen also für und mit Kindern in einem kontinuierlichen Prozess. Dieser geht nie zu Ende, so dass Pädagogik zu einer unendlichen Geschichte wird.

Weil das so ist, kann und soll es kein Konzept offener Kindergarten als einheitliche Organisationsform und Handlungsanweisung geben. Im Folgenden wird deshalb aufgezeigt, wie die Autonomie und Selbstorganisation bei Kindern und Erwachsenen durch selbstgestaltendes Tun zum Tragen kommen.

1. Das Kind als Selbstgestalter seiner Entwicklung

Eigenständiges Entscheiden für existentielle Bedürfnisse

Der Lebensabschnitt zwischen drei und sechs/sieben Jahren ist eine Zeit, in der Kinder ihre Eigenständigkeit besonders zeigen und entwickeln wollen. Schritt für Schritt wächst ihre Selbständigkeit und bilden sich die hierfür erforderlichen Kompetenzen heraus.

Im offenen Kindergarten werden für Kinder bewusst Entscheidungsspielräume erweitert und ein konsequenter Weg der Freiheit angestrebt. Kindern wird selbständiges Handeln zugetraut, Lernen erfolgt in „Ernst"-situationen.

So lädt die Cafeteria dazu ein, zu einer selbstbestimmten Zeit dort zu frühstücken, eventuell zusammen mit Freunden, oder sich hier auch zwischendurch zu treffen. Im Ruheraum wird die Gelegenheit gegeben, sich auszuruhen oder sogar zu schlafen bzw. in ruhigem Tun zu verweilen. Die vielen Bewegungsmöglichkeiten drinnen und draußen ermuntern dazu, dem eigenen Bewegungsdrang zu folgen, allein oder gemeinsam mit anderen.

Durch diese Freiheit, eigenen Interessen nachzugehen, lernen Kinder nicht nur, sich selbst zu organisieren, sondern auch ihre Angelegenheiten selbst zu regulieren. So brauchen Erzieherinnen nicht festzulegen, wie viele Kinder an einem bestimmten Ort spielen können. Auch bei Konflikten zeigen Kinder, dass sie diese meistens selbst lösen können. Gefühle werden nicht übersehen, weggeredet oder unterdrückt, sondern dürfen ihren direkten Ausdruck finden, auch wenn dabei Leid und Schmerz bewältigt werden müssen. Das Feiern des eigenen Geburtstages wird zu einer persönlichen Entscheidung, indem die Kinder gefragt werden, wie und mit wem sie feiern möchten. Sie sollen auch selbst entscheiden, ob sie zum Muttertag oder zu Weihnachten ein Geschenk basteln oder sich vor dem Laternenfest selbst eine Laterne anfertigen wollen.

Schließlich können die Kinder im ganzen Kindergarten spielen, untereinander Kontakt aufnehmen, Freundschaften entwickeln und hier und in den informellen und formellen Gruppen ihre Lust am Reden und Zuhören pflegen. Sie können mitverantwortlich bei den vielen Alltagsdingen handeln und so das Zusammenleben mitgestalten. Unter dem Begriff der Partizipation wird auf diesen Punkt noch einmal gesondert eingegangen. Kinder können und sollen auch ihre Kontakt- und Bindungswünsche mit Erwachsenen eigenständig umsetzen. Hierzu finden sie im offenen Kindergarten gute Möglichkeiten, weil die Zahl der erreichbaren Erwachsenen hier größer ist als in der stammgruppen-orientierten Ausrichtung in der traditionellen Kindergartenarbeit.

Indem Kindern entsprechende Möglichkeiten gegeben werden, werden sie herausgefordert, ihrem Drang nach Selbständigkeit und Selbstbestimmung zu folgen und für die Erfüllung ihrer Bedürfnisse schrittweise eigenständig zu sorgen. Zu nennen sind hier vor allem das Essen, Trinken, Ruhen, Schlafen, Spontansein, Bewegen, Spielen, Gestalten, Forschen, Experimentieren, Kreativ sein, Feiern, Schenken, Kontakte aufnehmen, Reden und Zuhören, Sichbinden, Mitwirken und Mittun. Kinder in offenen Kindergärten zeigen, dass sie den Weg der selbstverantwortlichen Lebensgestaltung gehen wollen und können.

Wahrnehmung der vier Freiheiten des Freispiels

Das Spiel ist der Königsweg des Lernens. Das ist heute unter Erzieherinnen weitgehend unumstritten. Im Spiel machen Kinder ganzheitliche Entwicklungsprozesse durch und können ihre Persönlichkeit entfalten. Von Schiller stammt der Satz: „Spiel ist alles das, was weder innerlich noch äußerlich nötigt". Das bedeutet, dass die Wirkungen des Spiels nur in Form des freien und selbstbestimmten Spiels voll zur Geltung kommen. Erzieherinnen im offenen Kindergarten halten sich deshalb aus dem Spiel heraus und bleiben im Hintergrund präsent.

Das Spiel ist eine eigenständige und schöpferische Leistung des Kindes. Hier zeigen Kinder Lebenswillen und Lebensfreude, sind interessiert, neugierig und konzentriert, erproben sich, experimentieren unermüdlich und ausdauernd, allein oder mit Spielfreunden. Kinder gehen im Spiel offen in Beziehung zu ihrem Umfeld und wenden in unbekümmerter Weise ihre verfügbaren Muster des Wahrnehmens, Bewertens und Handelns an. So bringen sie sich mit ihrer bisherigen Lerngeschichte zum Ausdruck und sind ständig bereit und bemüht, ihre Möglichkeiten zu festigen und zu erweitern. Im Spiel werden Kinder auf vielfältige Weise kompetent.

Das (freie) Spiel stellt also ein besonderes Aktivitätssystem dar, deshalb werden im offenen Kindergarten ganz konsequent seine vier Freiheiten beachtet:

- die freie Wahl von Spielort und Spielplatz
- die freie Wahl von Spielzeug und Sachen zum Spielen, von Spielthema und Spielinhalt

- die freie Wahl von Spielpartner und Spielgruppe
- die freie Wahl der Spieldauer

Ermöglicht werden diese vier Freiheiten durch die Freizügigkeit, die die Kinder im offenen Kindergarten vorfinden. Sie können zu jeder Tageszeit drinnen oder draußen auch ohne ständige Anwesenheit von Erwachsenen spielen, beachtet werden müssen nur die zeitlichen Strukturen und vereinbarten Regeln.

Weil die Kinder ihre Möglichkeiten im Freispiel vielfältig ausschöpfen sollen, schaffen Erzieherinnen drinnen und draußen unterschiedliche Gelegenheiten und Herausforderungen zum Tätigsein. Dabei werden jede Ecke und jeder zusätzliche Nebenraum einschließlich der Waschräume als Spielorte hergerichtet. Einzelheiten zu den Schwerpunkten einer gestalteten Umgebung werden im Kapitel drei ausgeführt.

Auswählen von Lern- und Bildungsmöglichkeiten

Kinder wollen nicht nur viele Gelegenheiten zum Spielen für sich nutzen, sondern verfolgen auch Lerninteressen, bei denen die Aktivität von Erwachsenen gefordert ist. Im offenen Kindergarten werden mit veränderten Akzenten die bewährten Formen der Angebote und Projekte weitergeführt. Während Angebote in Verbindung mit den Spielmöglichkeiten des Kindergartens stehen, dienen Projekte der allgemeinen Wissenserweiterung. Kinder zeigen also unterschiedliche Bedürfnisse. Sie wollen ihre Kompetenzen und ihr Wissen nicht nur selbständig im Spiel erweitern, sondern ihren Hunger auf Welt, auf neue Erfahrungen, auf spannende Erlebnisse auch durch Anregungen von außen gestillt bekommen. Sie sind deshalb hoch motiviert, sich auf Projekte einzulassen und sich von Erzieherinnen, ihren Ideen und ihrem Schwung anstecken und herausfordern zu lassen. Gesteigert wird die Motivation, wenn Erzieherinnen die Kinder in ihre Planungen einbeziehen.

Darüber hinaus wird konsequent eine Öffnung nach außen in die unterschiedlichen Lebensbereiche der Kinder angestrebt, und es werden neue Bildungsmöglichkeiten erprobt, wie zum Beispiel die Turnhalle als Spielplatz für Bewegung, Exkursionen, Waldtage oder Waldwochen, Museumsbesuche. Öffnung bedeutet auch, dass der Kindergarten Personen von außen einbezieht.

So haben Kinder eine Reihe von Wahlmöglichkeiten, um ihren Lerninteressen nachgehen zu können. Das Prinzip der Selbstgestaltung kommt aber nicht nur in der Wahl des Angebotes und Projektes zum

Tragen, sondern auch im eigenständigen Experimentieren, Forschen und Fragen. Das erfordert von den Erzieherinnen natürlich die Bereitschaft, mit Kindern Umwege zu gehen, auch wenn ihnen das Ergebnis längst bekannt ist. Eigene Aktivitäten sind erst dann wieder wichtig, wenn Kinder einen Anstoß brauchen oder Schutz- und Sicherheitsgesichtspunkte bedeutsam werden.

Partizipation im sozialen Gefüge Kindergarten

Partizipation bedeutet Teilhabe und soll Kindern ermöglichen, bei der Strukturierung und inhaltlichen Gestaltung alltäglicher Abläufe im Kindergarten mitzuwirken. Partizipation meint also den Weg zur Demokratisierung im Kindergarten. Das beginnt bei der gemeinsamen Festlegung von Regeln im Zusammenleben sowie im Umgang mit Spielsachen und Materialien. Es setzt sich fort, wenn Kinder den Kindergarten als ihren Lebensraum verstehen lernen und mitverantwortlich bei wiederkehrenden Erfordernissen im Alltagsgeschehen einbezogen werden und Aufgaben übernehmen oder die Chance erhalten, für andere etwas zu tun. Partizipation und Demokratisierung heißt auch, auftretende Konflikte

im Zusammenleben gemeinsam zu lösen, bei neuen Planungs- und Projektideen Kinder wirksam einzubeziehen sowie die Möglichkeiten des Feedbacks zu geben.

Gerade in offenen Kindergärten entwickeln sich bestimmte Formen der Kindermitbeteiligung, die später erläutert werden. Partizipation hat zum Ziel, dass Kinder sich mit ihren Ideen wirksam erleben und so zu der Erfahrung kommen, dass sie eine soziale Gemeinschaft mitgestalten können und über den Weg der Freiwilligkeit soziale Verantwortung übernehmen.

2. Die Erzieherinnen als Selbstgestalterinnen ihrer Pädagogik

Engagement für Kinder

Der Mut und das Engagement von Erzieherinnen und ihre Begeisterung für Kinder lassen den offenen Kindergarten zu einer kindorientierten, partizipatorischen, kooperativen und bildungsbewussten Einrichtung werden. Für Kinder da zu sein, sie zu unterstützen und zu begleiten, damit sie sich entwickeln können und sorgende Verpflichtung für sie zu übernehmen, wird zu einer motivierenden und sinngebenden Aufgabe, die Kräfte freisetzt, und macht zum flexiblen Umgang mit der Arbeitszeit bereit. Die sich hieraus ergebende Verantwortung ist nicht immer eine leichte Aufgabe. Sie wird jedoch im Elementarbereich dadurch begünstigt, dass Kinder in diesem Alter besonders entwicklungsfreudig sind und Erzieherinnen aufgrund eines fehlenden Lehrplans die inhaltlichen Schwerpunkte weitgehend selbst bestimmen können und insofern sehr viele Selbstgestaltungsmöglichkeiten haben.

Gemeinsamer Prozess der pädagogischen Weiterentwicklung

Eine wichtige Voraussetzung für den Prozess hin zum offenen Kindergarten ist, dass sich die Mitarbeiterinnengruppe zu einem Team entwickelt, in dem zunächst einmal diese Idee zu einem gemeinsamen Leitbild oder einer gemeinsamen Vision wird. Teamentwicklung meint, sich zusammen auf einen Weg zu begeben und hierauf zu bleiben, auch wenn sich Erschwernisse ergeben. Gemeinsamkeiten im Denken, Ausgestalten des Kindergartens und Umsetzen einer kinderfreundlichen und kindorientierten

Pädagogik fallen nicht einfach so vom Himmel. Sie kommen zustande, wenn Offenheit und Auseinandersetzung gewagt werden und jedes Mitglied des Teams ernst genommen wird. Das Tempo der Veränderung ergibt sich aus den Möglichkeiten der einzelnen Mitarbeiterinnen und ihrer Bereitschaft, sich weiterzuentwickeln. Macht eine Erzieherin nicht mit, gerät der Prozess ins Stocken.

Nicht jedes Kindergartenteam schafft diesen Veränderungsprozess aus sich heraus. Bei Schwierigkeiten, Stillstand oder Rückschritten bewähren sich Fachberatung und Supervision.

Neben der offenen Kooperation ist auf der Mitarbeiterinnenebene noch ein weiterer Aspekt entscheidend. Im offenen Kindergarten sind alle Mitarbeiterinnen mitverantwortlich für den ganzen Kindergarten, auch wenn eine Arbeitsteilung stattfindet. Es gibt nicht mehr „meine" und „deine" Kinder und nicht mehr „meinen" und „deinen" Gruppenraum, sondern unsere Kinder und unser Haus für Kinder.

Der offene Kindergarten entwickelt sich soziologisch gesehen zu einem halboffenen sozialen System, in dem einerseits die Intimität des Familiensystems teilweise fortgesetzt wird und andererseits das erforderliche selbst- und mitverantwortliche Handeln in einer offenen Gesellschaft mit ihren vielen Subsystemen durch den offenen Charakter des Kindergartens als soziales System gelernt und eingeübt wird.

Gemeinsames Bemühen um eine entspannte Atmosphäre

Kinder entwickeln sich am besten in einer entspannten Atmosphäre, denn diese setzt Spielinteressen und damit Lernfreude frei. Im offenen Kindergarten wird auf das aktive und engagierte Kind vertraut, deshalb muss genau darauf geachtet werden, was dazu beiträgt, dass die Kinder ihre Entwicklungen lustvoll voranbringen können und wollen.

Im Folgenden werden einige wichtige Aspekte genannt, die zu einer entspannten Atmosphäre führen. Sie zeigen zugleich, wie Erzieherinnen im offenen Kindergarten ihre Beziehung zu Kindern gestalten. Zur Vertiefung dieser Punkte verweisen wir auf das Literaturverzeichnis:

- Sich willkommen fühlen: Kinder erleben aufmerksame, interessierte, präsente, liebevolle, schützende und unterstützende Erzieherinnen. Dadurch können sie bestehende Ängste und Vorbehalte abbauen und sich immer vertrauensvoller auf das Kindergartenleben einlassen. Unterstützend sind in diesem Prozess auch die größeren Kinder, wenn sie sich z. B. für eine Patenschaft für einzelne Kinder entscheiden.

■ Bedürfnisse leben können: Wenn Kinder sich mit ihren Grundbedürfnissen ernst genommen fühlen, können sie lernen, eigenständig darüber zu entscheiden, wie sie diese ausleben und gestalten wollen und werden dadurch von Erwachsenen zunehmend unabhängiger.

■ Sicherheit gebende Erwachsene: Kinder werden in ihren Bindungsbedürfnissen zu Erwachsenen wahrgenommen und erfahren, dass darauf eingegangen wird. Das gibt den Kindern die Gewissheit, dass sie mit persönlicher Unterstützung rechnen können, wenn sie sich ängstlich, hilflos, unsicher oder bedroht fühlen. So vermitteln Erwachsene den Kindern Sicherheit, wenn sie sich den Herausforderungen im offenen System stellen.

■ Vertraut werden mit einer einladenden Spielwelt: Kinder kommen mit ganz unterschiedlichen Spielerfahrungen in den Kindergarten. Um die Spielmöglichkeiten drinnen und draußen zu erobern, braucht jedes Kind gemäß seiner Möglichkeiten seine eigene Zeit und von Seiten der Erzieherinnen geduldiges Begleiten.

■ Orientierung gebende Strukturen: Da der offene Kindergarten sich nicht als Lebensraum grenzenloser Freiheit versteht, schaffen Erzieherinnen – zum Teil gemeinsam mit den Kindern – Strukturen und damit eine Ordnung, die flexibel gehandhabt wird. Orientierung geben auch Regeln in Bezug auf das Zusammenleben oder für den Umgang mit Spielsachen, Materialien und Werkzeugen. So wird der Kindergarten überschaubar und gibt allen Sicherheit.

■ Anerkennung des eigenen Wirkens: Kinder werden in ihrem Spiel und ihren Tätigkeiten durch wohlwollende und präsente Erwachsene bestätigt und bestärkt, nicht nur verbal, sondern vor allem auch nonverbal. So fühlen sie sich ermutigt, ihre Persönlichkeit originär zum Ausdruck zu bringen und ihre Entwicklung weiter voranzubringen.

■ Teilhaben am Kindergartengeschehen: Indem Kinder an der Gestaltung des Kindergartenalltags partizipieren können, kommt es zur Entwicklung von Mündigkeit und zunehmender Unabhängigkeit. Dieses selbstverantwortliche Tun wird um das mitverantwortliche Tun erweitert.

■ Nicht Defizite, sondern Stärken zählen: Kinder mit besonderen Entwicklungsbedürfnissen aufgrund vorenthaltener Entwicklungsmöglichkeiten oder aufgrund von Einschränkungen durch eine körperliche, psychische, genetische oder neuronale Schädigung werden in ihren Stärken wahrgenommen. Bisher wurden solche Kinder mit Begriffen wie behindert, retardiert, verhaltensgestört, hyperaktiv etikettiert, es wurde nach Defiziten geschaut, um diese zu beseitigen. Jetzt wird darauf geachtet, wo Kinder durch ihren Eigenwillen vorankommen wollen und dafür Unterstützung brauchen. Ihnen werden neue Möglichkeiten in Spielsituationen angeboten, ohne sie dabei zu einem bestimmten Tun zu zwingen. Die Erzieherinnen nehmen die Reaktionen des Kindes wahr und modifizieren ggf. ihre Förderideen und Angebote und stellen sich so auf einen Dialog ein.

- Authentische Erzieherinnen: Wenn Erwachsene sich um Authentizität im Gespräch und in ihrer Vorbildfunktion bemühen, bestätigt das Kinder in ihrem eigenen Sein. Sie erfahren so auf besondere Weise, dass sie mit ihren Spontanäußerungen, mit ihren Gefühlen und Konflikten „okay" sind, auch wenn nicht jede Gefühlshandlung akzeptiert werden kann. Auch das besondere Wissen und Können jeder einzelnen Erzieherin kann für Kinder etwas sehr Attraktives und Herausforderndes bedeuten.

Alle diese Punkte tragen dazu bei, jedem Kind eine individuelle Eingewöhnungszeit und einen individuellen Eingewöhnungsprozess im Kindergarten zu ermöglichen. Dann können die vielen Spielmöglichkeiten vom Kind aufgegriffen werden, und es kann an der Gestaltung des Kindergartenlebens teilnehmen, Schritt für Schritt und schließlich mit der Erfahrung immer größer werdender Selbständigkeit. So wird der Kindergarten für die Kinder zu ihrem Haus, in dem Kinder und Erwachsene vor allem eine Lebens- und Lerngemeinschaft bilden.

Schaffen von Strukturen zum Spielen und Tätigsein

Eine besondere pädagogische Aktivität der Erzieherinnen besteht in Anlehnung an Maria Montessori im Schaffen einer vorbereiteten und herausfordernden Umgebung, drinnen und draußen. Sorgfältig gestaltete und liebevoll eingerichtete Spielräume und Spielbereiche sind gleichsam „Gelegenheitsstrukturen" für vielfältiges Spielen. Sie wirken wie zusätzliche Erzieherinnen, weil sie Kinder in ihren Bann ziehen und den Willen zum Tätigsein herauslocken. Hierbei kommt auch Piagets Äquilibrationsprinzip zum Tragen, denn Kinder kommen durch neue, unbekannte Möglichkeiten in einem positiven Sinn aus dem Gleichgewicht, und in ihrem Willen, dieses selbständig wieder auszugleichen, erwerben sie die erforderlichen Fähigkeiten. Ähnliches geschieht, wenn sie mit den Kompetenzen anderer

Kinder konfrontiert sind und dadurch zur Nachahmung angeregt werden. Auch Erwachsene üben auf Kinder durch ihr Können einen besonderen Reiz aus.

Erzieherinnen im offenen Kindergarten bemühen sich nicht nur um eine interessante Umgebung für Kinder, sondern beobachten auch, wie die Kinder damit zurechtkommen. Die Auseinandersetzung mit Über- und Unterforderungen wird deshalb zur besonderen pädagogischen Aufgabe. Ist für Kinder die „vorbereitete" Umgebung zu schwierig, sind entsprechende hinführende Angebote zu machen, so dass die Kinder mit der Zeit selbständig ihr Spiel gestalten können. Beginnen die Kinder sich zu langweilen, gilt es die Spielbereiche attraktiv zu erweitern. Ist auch diese Möglichkeit erschöpft, werden Projekte als neue Herausforderungen initiiert.

Diese pädagogische Praxis erfordert, das kindliche Spielen immer wieder zu reflektieren, während des Freispiels und bei gemeinsamen Teambesprechungen, wenn über die Entwicklung einzelner Kinder gesprochen wird. Wichtig ist auch, sich über die Attraktivität der Spielbereiche drinnen und draußen beständig auseinander zu setzen. Dafür lassen sich auch Feedbackformen der Kinder einführen, indem sie den jeweiligen Räumen Zensuren von eins bis fünf geben oder mit den Füßen abstimmen: An einem Tag gehen sie in den Bereich, in dem sie am liebsten spielen und am nächsten Tag in den, der sie am wenigsten anzieht. Gespräche nach solchen Abstimmungen zeigen dann, wo Veränderungen angebracht sind.

Erzieherinnen setzen ihre Stärken ein und erweitern sie

Neuere Entwicklungen in offenen Kindergärten verweisen auf die Bereicherung der Arbeit, wenn Erzieherinnen ihre Stärken und besonderen Fachkompetenzen einbringen. Wer seine Stärken in den Mittelpunkt der Arbeit stellt, wird zur Fachfrau. Diese bildet sich in ihrem Bereich fort, wertet die heute immer differenzierter werdende Literatur aus und ermöglicht so punktuell neues anregendes Lernen.

In der Regel sind Fachfrauen im offenen Kindergarten für zwei Aufgaben da: Sie betreuen über einen längeren Zeitraum mit ihrer Kompetenz einen Spielbereich, bauen diesen entsprechend der Bedürfnisse der Kinder immer weiter aus, und sie führen in ihrem Gebiet gruppenübergreifende Angebote durch, auch in Verbindung mit Projekten. Das schließt besondere Projekte mit einer festen Gruppe nicht aus, z. B. für

Tonarbeiten, Tanzen, Bauen von Musikinstrumenten, Weihnachtswerkstatt, Museumsbesuch.

Mit dieser Entwicklung werden im offenen Kindergarten erweiterte Bildungsakzente gesetzt. Aus den Allround-Pädagoginnen werden Spezialistinnen, die für Kinder während der dreijährigen Kindergartenbetreuung eine besondere Herausforderung darstellen. Das erweiterte Wissen und die damit verbundenen pädagogischen Ideen verleihen den Fachfrauen ihre individuelle Ausstrahlung und stärken ihr Selbstbewusstsein. Ihr eigener Schwung zieht die Kinder an und setzt Lernlust in Gang. Wer selbst gern gelernt hat und gern Lernender ist, wird Kinder besonders motivieren und ihr Lernen und ihre Bildung voranbringen.

Erweiterung des professionellen Selbstverständnisses

Mitarbeiter im offenen Kindergarten bilden eine lernende Organisation, die ein eigenes Profil (eine eigene Qualität) entwickeln und hierüber in einem ständigen Prozess bleiben. Sie sind interessiert an Entwicklungen anderer Einrichtungen, hospitieren dort und ermöglichen selbst Hospitation. Hilfe von außen für eine Fortbildung, Fachberatung und Supervision sind für die meisten offenen Kindergärten selbstverständlich.

Zum professionellen Selbstverständnis gehört auch die gesellschaftliche und politische Aktivität. Die Vernetzung mit anderen Erzieherinnen, Institutionen oder Verbänden unterstützt ihren Einsatz als Anwalt für Kinder, aber insbesondere auch für die eigenen beruflichen Interessen, bezogen auf die Verbesserung von Bezahlung, Fort- und Weiterbildungsmöglichkeiten sowie die allgemeinen Rahmenbedingungen. Unter diesen Voraussetzungen ist es dann auch möglich zu verhindern – möglichst in Kooperation mit Eltern –, dass der offene Kindergarten zu einem Sparmodell umfunktioniert wird, in dem zum Beispiel Stunden für Früh- und Spätdienste oder Springkraftstunden gestrichen werden.

Ein Möglichkeitsraum mit drei Schwerpunkten

Die von Kindergartenteams geschaffene neue pädagogische Gestalt kann auch als Möglichkeitsraum für Kinder verstanden werden, der in seinem Kern aus einer Trias besteht, den Lern-, Entwicklungs- und Bildungsbedürfnissen von Kindern entspricht und auch den gesetzlichen Auftrag des Kindergartens widerspiegelt. Diese Trias setzt sich zusammen aus Freispiel, Angebot/Projekt und Gemeinschaft. Sie ermöglicht Kindern die ganzheitliche Entfaltung ihrer Persönlichkeit im Kontext des sozialen

Systems Kindergarten. Dadurch werden sie in vieler Hinsicht beziehungsfähig und können in einem beständigen Prozess ihr Selbstbild, ihr Bild von anderen, von der sie umgebenden Kultur und Natur, ihr Bild von Gott oder ihre religiöse Lebensdimension erweitern. Kinder können so ihr Selbstwerden mit Eigensinn und sozialen Kompetenzen voranbringen.

Im offenen Kindergarten als einem Haus für Kinder und Erwachsene bilden sich entsprechend der oben genannten drei Schwerpunkte Kinderkultur, Lernkultur und Kultur des Miteinanders heraus.

Die **Kinderkultur** ist vor allem mit dem Freispiel in Verbindung zu bringen. Während dieser Zeit, in der sich die Erzieherinnen nicht einmischen, können sich die Kinder individuell und kindgemäß zum Ausdruck bringen. So können sie Kindheit als ihre, in sich stimmige Lebensform mit eigenen Denkweisen, eigenem Humor, Kümmernissen und Ängsten, ihrer eigenen Art zu spielen, zu forschen und die Welt zu deuten sowie ihren eigenen Erlebnisformen (A. Flittner) erfahren. Je mehr sich Kinder bis zur Einschulung „ausspielen" können, umso mehr werden sie den Schulanforderungen gewachsen sein. Dafür sind sie dann

auch gerüstet, weil sie im Spiel vielfältige sensomotorische, sprachliche, soziale, emotionale und kognitive Kompetenzen erworben haben.

Die **Lernkultur** ist mit dem Freispiel und vor allem mit den Angeboten und Projekten in Verbindung zu bringen. Hier werden die Erzieherinnen für Kinder aktiv. Die Kinder lassen sich auf ihre Anregungen, auf Neues ein. Das gelingt am besten, wenn die Lerninteressen der Kinder in die Planung einfließen und kindgemäß und erlebnisorientiert umgesetzt werden. Besonders wichtig ist, Kindern während der Angebote/Projekte zu folgen, wenn sie eigene Wege gehen und dabei ihre Ideen und Absichten verwirklichen. Dann fließen Aspekte einer Kinderkultur auch hier in das Lerngeschehen ein.

Die **Kultur des Miteinanders** zeigt sich vor allem bei den vielen Gemeinschaftserlebnissen, die der sozialpädagogischen Tradition entstammen. Zu nennen sind z. B. Morgen- und Schlusskreis, Feste, Ausflüge, Übernachtung im Kindergarten, Freizeiten, gemeinsame Gottesdienste, Geburtstagsfeier, Mitverantwortung und Mitwirkung im Kindergartenalltag. Hier folgen Kinder und Erwachsene gemeinsam der Gemeinschaftsidee und lösen zusammen die entstehenden Aufgaben, Probleme und Fragen. Bei einem solchen Vorgehen fließen ebenfalls Aspekte einer Kinderkultur ein und es findet vielfältiges Lernen statt.

3. Bedenken gegenüber dem offenen Kindergarten

Kinder sind weniger lenkbar und werden zu spontan

Skeptische Erzieherinnen und Eltern äußern nicht selten die Sorge, dass Kinder im offenen Kindergarten zu sehr nach dem Lustprinzip leben, zu wenig lernen und sich zu wenig anpassen. Hinzu kommt die Erfahrung einzelner Eltern, dass ihre Kinder eigenwilliger und selbstbewusster werden, unbequeme Fragen stellen und insgesamt anstrengender sind. In der Regel muss durch spontaner werdende Kinder dann etwas „ausgehalten" werden, was in einer eher lenkenden Erziehung von vornherein eher ausgeschlossen wird.

Tatsächlich steht die pädagogische Arbeit im offenen Kindergarten im Gegensatz zu der herkömmlichen Erziehung, die Eltern, Großeltern und Erzieherinnen in Familie und Schule erfahren haben. Deshalb verbergen sich hinter kritischen Äußerungen nicht selten Unbehagen, Ängste oder im Einzelfall auch Machtansprüche. Es gilt deshalb, behutsam und achtsam mit Eltern und anderen Kritikern das Gespräch zu suchen und die veränderte Grundhaltung zu den Kindern sorgfältig zu erklären. Hospitation ist hierbei unterstützend und gibt gute Anlässe zum offenen Gespräch.

Nach den Erkenntnissen und Erfahrungen von Reformpädagogen ist das Ausleben spontaner Aktivität geradezu die Voraussetzung für einen gesunden Entwicklungsprozess. Durch unmittelbares Fragen, Forschen und Experimentieren werden Lern- und Bildungsprozesse in Gang gesetzt. Das bedeutet nicht, dass Kinder dann kein Empfinden mehr für Regeln haben. Gerade im Freispiel entwickeln sie soziale Kompetenz, indem sie Vereinbarungen treffen, eigenständig Regeln aufstellen und ihre Konflikte lösen. Und noch mehr fordert das gesamte Zusammenleben im Kindergarten zu vielerlei Anpassungen aufgrund bestehender Regeln und Strukturen heraus. Kinder sind dazu auch bereit, vor allem dann, wenn sie sich wertgeschätzt fühlen, mitwirken können, Erklärungen bekommen und nicht einfach der Willkür Erwachsener ausgesetzt sind.

Der offene Kindergarten ist ein Ort der Beliebigkeit

Beliebigkeit wird darin gesehen, dass die Kinder tun und lassen können, was sie wollen, die Erzieherinnen die Kinder einfach nur laufen lassen und sich so ein bequemes Leben machen. Es wird befürchtet, dass einzelne Kinder zu kurz kommen und nur „herumflippen", und aufgrund der bestehenden Freiräume und Freizügigkeit eine Nähe zur antiautoritären oder laisser-faire Erziehung vermutet. Im Grunde hilft den Kritikern und Skeptikern nur das Hospitieren, denn so können sie wirklich erkennen, wie strukturiert der offene Kindergarten konzipiert ist, wie gewissenhaft die Beziehungen zu Kindern gestaltet und gepflegt werden und wie sorgfältig über Kinder und ihr Tun miteinander gesprochen wird, um daraus ein angemessenes pädagogisches Handeln abzuleiten. Entscheidend für das Konzept offener Kindergarten ist nicht, dass Kinder alles tun können, was sie wollen, sondern dass sie das wollen, was sie tun (J. Piaget).

Aus den genannten Gründen ist der offene Kindergarten auch kein Aktionsfeld ohne Grenzen. Zu einer guten Erziehung gehört, dass Erwachsene in der Familie und im Kindergarten auf das Einhalten von abgemachten Regeln bestehen und auf Regelverstöße konsequent reagieren, evtl. flankierend durch Einzel- oder Gruppengespräche. Grenzsetzungen oder „Grenzbewachung" (A. Flittner) müssen jedoch auch als Lernfeld für Erzieherinnen und Eltern gesehen werden, denn auf dieser pädagogischen Handlungsebene sind große Unsicherheiten vorhanden. Viele Kinder werden heute eher fürsorglich betreut und verwöhnt, Anforderungen werden seltener gestellt, Regeln nur selten ausgesprochen, gemeinsam vereinbart und auf deren Einhaltung konsequent bestanden.

Der offene Kindergarten fördert die Beziehungslosigkeit

Dieser Kritik sollte mit besonderer Sorgfalt begegnet werden. Sie drückt eine Sorge aus, die sich auf unsere immer distanzierter, ausgrenzender und kälter werdende Gesellschaft bezieht. Für die Kindergartenarbeit ist diese Sorge unberechtigt. Gerade im offenen Kindergarten ist jedes Kind willkommen und wird so angenommen, wie es ist. Das Etikettieren von Kindern wird vermieden, Verschiedenheit soll zur Normalität werden. Die Erzieherinnen bemühen sich darum, für Kinder und ihr Lernen eine entspannte Atmosphäre zu schaffen und Bindungsbedürfnisse der Kinder zu erwidern. Und die Kinder selbst sind wahre Beziehungskünstler. Sie suchen den Spielkontakt, auch mit wechselnden Partnern. Sie zeigen den Erwachsenen, wie schnell sie andere Kinder akzeptieren, Hautfarbe oder Behinderung sind für sie kein Ausschlusskriterium. Kinder streiten und vertragen sich, sind nicht stunden- oder tagelang sauer aufeinander, wenn es Störungen und Kränkungen gegeben hat. Schließlich entwickeln sie liebevolles Verhalten, wenn sie dazu eine Chance bekommen.

Das alles braucht jedoch als Grundlage die bedingungslose Annahme durch Erzieherinnen. Wenn Kinder sich ernst genommen und wohl fühlen, dann wird es selbstverständlich werden, auch andere Kinder ernst zu nehmen und sie zu akzeptieren.

Zu wenig Geborgenheit durch Auflösung der Stammgruppen

Auch diese Kritik muss besonders sorgfältig bedacht werden. Auf Stammgruppen wird meistens in kleinen Kindergärten mit zwei oder drei Gruppen verzichtet. Die Erfahrung zeigt, dass solche Häuser in sich räumlich eine Einheit bilden und für Kinder relativ schnell überschaubar sind. Stammgruppen machen da wenig Sinn. Kinder werden in kurzer Zeit mit dem Haus vertraut und lernen, sich darin wohl zu fühlen. Trotzdem bleibt der pädagogische Anspruch an die Mitarbeiterinnen bestehen, für eine entspannte, sichere und gemeinschaftliche Atmosphäre zu sorgen. Indem Kinder sich zugehörig, wertgeschätzt, sicher und vertraut fühlen und sich im Einzelfall an eine erwachsene Person binden, werden sich Gefühle der Geborgenheit einstellen, und der Kindergarten wird ihnen zur zweiten Heimat.

Die erste Heimat ist und bleibt jedoch die Familie, auch wenn die Kinder dort ganz unterschiedliche Erfahrungen machen. Je weniger Sicherheit Kinder in ihrer Familie erleben, umso stärker werden sie auf Geborgenheit im Kindergarten angewiesen sein, auch wenn das nicht immer sofort erkennbar ist. Der Kindergarten kann die Familie jedoch nicht ersetzen und deren Funktionen wahrnehmen. Die Überschaubarkeit dieses kleinen sozialen Gebildes kann hier nicht erreicht werden, schon gar nicht in einer Gruppe von 25 Kindern. In der Regel ist das auch gar nicht erforderlich.

Gleichwohl versucht der offene Kindergarten ohne Stammgruppen so viel als möglich an Sicherheit und Geborgenheit zu vermitteln. Das zeigt sich beispielsweise darin, wie für neue Kinder der Anfang gestaltet wird. Häufig wird mit einer Gruppe und ein oder zwei festen Bezugspersonen in einem Raum begonnen. Von dort aus können die Kinder dann den Kindergarten schrittweise kennen lernen und für ihre Aktivitäten erobern. Die Kinder entscheiden in diesem Prozess jeweils, wie lange sie sich an einen Raum und an die für sie bestimmte Betreuungsperson binden wollen.

Keine ausreichende Vorbereitung auf die Schule

Die Sorge von Eltern um die Zukunft ihrer Kinder ist verständlich, denn wer nicht leistungsfähig wird, hat keine Zukunft in einer Gesellschaft, in der die bezahlte Arbeit ausgeht. Erzieherinnen können diese Sorge mit den Eltern teilen, und sie können ebenso zum Ausdruck bringen, dass auch ihnen daran liegt, dass die Kinder in ihrem Leben erfolgreich werden und den nächsten Schritt, die Einschulung gut bewältigen. In offenen Kindergärten unterscheiden sich Eltern und Erzieherinnen an dem Punkt, wo es um die Vorbereitung auf die Schule geht. Eltern sind aufgrund ihrer eigenen Erfahrung vielfach produktorientiert, sie wollen ein Ergebnis kindlicher Anstrengungen sehen und wünschen sich das Einüben der Schülerrolle. Erzieherinnen hingegen sehen eher die Lernprozesse, die Lust am Lernen, die sich dabei aufbauenden vielfältigen Kompetenzen und Erkenntnisse und streben die Schulfähigkeit für ihre Kinder an. Das bedeutet, dass Kinder als starke Persönlichkeiten mit sozialen Kompetenzen und großer Selbständigkeit auf die neue und unbekannte Situation Schule zugehen. Natürlich wünschen die Erzieherinnen, dass die Kinder vielerlei sensomotorische Kompetenzen erwerben, z. B. mit der Schere umgehen lernen und den Stift locker halten können. Diese Kompetenzen erwerben sie jedoch fast nebenbei, wenn sie die vielen

Möglichkeiten im offenen Kindergarten für sich ausschöpfen und durch vielfältige Bewegung Lebendigkeit und Sicherheit im körperlichen Ausdruck finden. Unter dem Aspekt des Tätigwerdens ist die gesamte Kindergartenzeit immer auch Vorschularbeit.

Erzieherinnen im offenen Kindergarten wollen ihre Kinder nicht zum Funktionieren oder zur Anpassung bringen. Das schließt allerdings nicht aus, dass einzelne Kinder zu Angeboten und Projekten eingeladen werden und gezielt für sie geplant wird. Das ist dann angebracht, wenn der Eindruck entsteht, dass sich Kinder bestimmten wichtigen Erfahrungen entziehen wollen. Fördern heißt dann, neue Kompetenzen in Spielsituationen herauszulocken.

Eltern, die Angst haben, ihr Kind könnte zu wenig lernen und vorankommen und würde deshalb nicht genügend auf die Schule vorbereitet, brauchen das Gespräch über die Lernvorstellungen im offenen Kindergarten und darüber hinaus Informationen über das schrittweise selbstgestaltete mannigfaltige Lernen ihres Kindes. Vorbehalte können am besten über Transparenz abgebaut werden.

3 Was alles zum offenen Kindergarten gehört

Bisher stand die Geschichte offener Arbeit und ihre Grundidee im Mittelpunkt unserer Ausführungen. Jetzt wollen wir das Zusammenspiel der Strukturen näher betrachten und dadurch die Komplexität dieses sozialen Systems erläutern. So wie der traditionelle kann der offene Kindergarten als soziales System mit einer Reihe von Strukturmerkmalen beschrieben werden. Wir haben dazu das relativ einfache Schema auf der folgenden Seite entwickelt. Einfach ist es deshalb, weil es die Komplexität der inneren Struktur mit nur zehn Merkmalen erfasst und Unterstrukturen auslässt. Wir erheben damit nicht den Anspruch auf Vollständigkeit. Jedes soziale System ist nach außen vernetzt; das haben wir jedoch nur angedeutet und kommen später teilweise darauf zurück.

Das Strukturschema trifft auf jeden offenen Kindergarten zu. Durch den eigenen Prozess ergibt sich jedoch für jede offene Einrichtung eine eigene Organisationsgestalt.

1. Die zehn Strukturmerkmale

Freispiel zur Wahrnehmung der vier Freiheiten des Spiels

Wir haben die Bedeutung des Spiels und die vier Freiheiten des Freispiels in Verbindung mit dem Selbstgestaltungspotenzial des Kindes erläutert. Ergänzend wollen wir die Priorität des Freispiels herausstellen. Das ist deshalb sinnvoll, weil sich darin in prägnanter Weise die Kinderkultur widerspiegelt, außerdem nimmt es auch zeitlich den größten Raum ein. Vielfach wird eine erste und zweite Freispielzeit eingerichtet, weil Morgenkreis, Frühstück, Angebote oder andere Vorgänge eine Zäsur darstellen, durch die Spielprozesse gestört werden können. Deshalb gilt es sorgfältig abzuwägen, wann Unterbrechungen sinnvoll sind.

Beim Einrichten von Freispielzeiten gibt es kein richtig und kein falsch. Richtungsweisend sind einerseits die Kinder und andererseits die bereits beschriebene Trias der Kindergartenarbeit mit ihren drei Aspek-

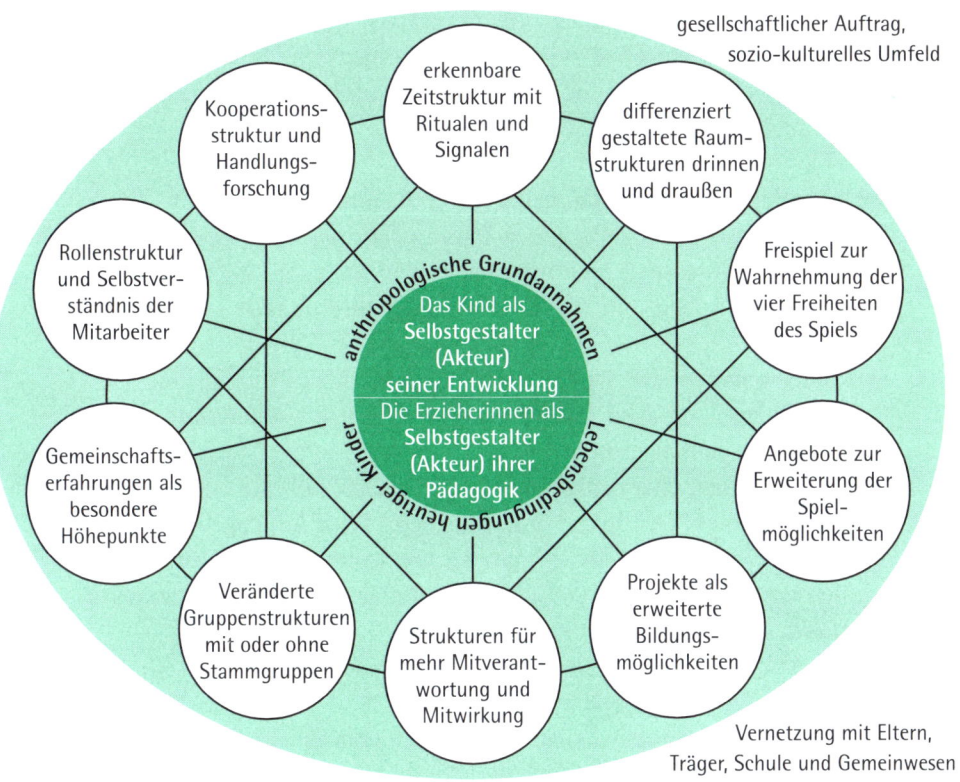

gesellschaftlicher Auftrag,
sozio-kulturelles Umfeld

erkennbare Zeitstruktur mit Ritualen und Signalen

Kooperations-struktur und Handlungs-forschung

differenziert gestaltete Raum-strukturen drinnen und draußen

Rollenstruktur und Selbstver-ständnis der Mitarbeiter

Freispiel zur Wahrnehmung der vier Freiheiten des Spiels

anthropologische Grundannahmen

Das Kind als Selbstgestalter (Akteur) seiner Entwicklung Die Erzieherinnen als Selbstgestalter (Akteur) ihrer Pädagogik

Gemeinschafts-erfahrungen als besondere Höhepunkte

Angebote zur Erweiterung der Spiel-möglichkeiten

Lebensbedingungen heutiger Kinder

Veränderte Gruppenstrukturen mit oder ohne Stammgruppen

Strukturen für mehr Mitverant-wortung und Mitwirkung

Projekte als erweiterte Bildungs-möglichkeiten

Vernetzung mit Eltern, Träger, Schule und Gemeinwesen

Strukturmerkmale offener Kindergarten

ten. Zur Freizügigkeit des offenen Kindergartens gehört, dass Kinder grundsätzlich drinnen und draußen spielen können, das ganze Jahr über. Das wird nicht davon abhängig gemacht, dass alle Bereiche durch die ständige Anwesenheit einer Erzieherin abgedeckt sind. Stattdessen wird im Team geklärt, unter welchen Bedingungen Kinder alleine nach draußen gehen können oder z. B. in den Werkraum oder in einen anderen Spielbereich, der abseits liegt. Bewährt hat sich eine Springerin, die diese Bereiche von Zeit zu Zeit aufsucht und Kinder dann unterstützen kann, wenn sie es wollen. Gleichzeitig verschafft sie sich dabei einen Überblick.

Trotz dieser zeitweiligen Nichtanwesenheit von Erzieherinnen wird im offenen Kindergarten die Aufsichtspflicht nicht anders gehandhabt als in der traditionellen Arbeit, in der die Kinder auch nicht ständig von

Erwachsenen umlagert werden. Als Grundsatz gilt: Pädagogik vor Aufsichtspflicht. Spielen ohne ständige Anwesenheit von Erwachsenen gehört zur Kinderkultur. Erforderlich sind Rufnähe und regelmäßiger Sichtkontakt.

Differenziert gestaltete Raumstrukturen drinnen und draußen

Die pädagogische Bedeutung der Raumgestaltung zur Schaffung von vielfältigen Gelegenheitsstrukturen haben wir bereits im zweiten Kapitel erläutert. Hier sollen nun charakteristische Schwerpunkte benannt werden.

- Kinder schaffen sich Bewegungsmöglichkeiten mit großen und kleinen Alltagsmaterialien und Kleingeräten. Ort: Bewegungsraum, Eingangshalle, Außengelände.
- Kinder können über ruhiges und stilles Spielen zu Ruhe und Entspannung kommen. Ort: Ruheraum, Ruhebereich im Außengelände.
- Kinder können auf vielerlei Weise zu kreativem Selbstausdruck kommen und finden immer vielfältige Materialien vor. Ort: Kreativraum / Atelier.
- Kinder können sich im Rollenspiel vielfältig ausdrücken. Ort: Rollenspielraum und Außengelände.
- Kinder können kreativ bauen und konstruieren (2–3 wechselnde Systeme, Naturmaterial, Figuren und Tiere). Ort: Bauraum oder Baubereich.
- Kinder frühstücken zentral an einem Ort, der auch Kommunikation und Begegnung ermöglicht (Kindertreff). Ort: Cafeteria / Kindercafé.
- Kinder lernen selbständig mit Handwerkszeug umzugehen, können eigenständig werken, Spielsachen reparieren, Gebrauchsgegenstände herstellen und Geräte zerlegen. Ort: Werkstatt für Holz und Metall, Außengelände.
- Kinder können kochen, backen, ein Frühstücksbüfett oder einen Eltern-Kind-Nachmittag vorbereiten. Ort: Küche.
- Kinder können drinnen und draußen vielfältig mit Wasser, Sand und Lehm spielen. Ort: Waschraum und Außengelände, ggf. Matschraum
- Kinder finden zusätzlich vielfältige Lernmöglichkeiten in den Fluren. Eltern können im Empfangsbereich Gespräche führen und erhalten über Bilder, Fotos, Aushänge, Plakate zusätzliche Informationen (Dokumentation der pädagogischen Arbeit und Arbeitsvorhaben). Ort: Flure und Eingangsbereich.

Teams, die schon über mehrere Jahre die offene Arbeit praktizieren, besetzen die Spielräume mit ihren Fachfrauen, die dort über einen längeren Zeitraum bleiben, manchmal sogar über Jahre. Das gewährleistet Kontinuität im kindgerechten Aufbau von Spielstrukturen und führt zu einer besseren Qualität bezüglich der Raumgestaltung und Angebote.

Angebote zur Erweiterung der Spielmöglichkeiten

Im offenen Kindergarten werden Angebote primär durchgeführt, um Kinder mit Spielmöglichkeiten drinnen und draußen vertraut zu machen und ihnen die Grundlagen im Umgang mit Spielsachen und Materialien zu vermitteln. Im Freispiel können die Kinder die Spielräume dann differenzierter für sich nutzen und die vermittelten Spielansätze und Techniken kreativ weiterentwickeln.

Natürlich kommt es über Angebote auch zur Einführung neuer Spielmöglichkeiten, werden Lieder, Tänze, Geschichten usw. vermittelt oder dem situationsorientierten Ansatz entsprechend Themen der Kinder aufgegriffen. Die Spielfähigkeit im Freispiel steht jedoch im Vordergrund. Erzieherinnen beobachten deshalb genau, wann Spielprozesse der Kinder eine Ergänzung oder Unterstützung durch Angebote brauchen.

Angebote werden gruppenübergreifend teilweise mit Teilnehmerbegrenzung zur Auswahl gestellt, z. B. über eine Tafel in der Eingangshalle, durch eine anschauliche Präsentation im Morgenkreis oder persönlich in der Vollversammlung aller Kinder. Die Auswahl der Angebote erfolgt nicht nur nach dem Kriterium der Lerninteressen, wichtig ist für Kinder auch das Zusammensein mit bestimmten Kindern oder einem bestimmten Erwachsenen.

Diese Vorgehensweise schließt mit ein, dass sich einzelne Kinder für kein Angebot entscheiden, sondern stattdessen das freie Spiel vorziehen. Die Spielmöglichkeiten sind dann allenfalls eingeschränkt, weil bestimmte Räume für die Angebote geschlossen sind. Das kann z. B. mit einem roten Kreis an der Tür signalisiert werden.

Kinder, die sich kontinuierlich den Angeboten entziehen, stellen für die Erzieherinnen oft ein pädagogisches Problem dar. In diesem Fall ist Handlungsforschung im Team angesagt, um das Kind besser zu verstehen und um in Kooperation mit ihm zu einer angemessenen Vorgehensweise zu kommen. Das kann z. B. so aussehen, dass dem Kind seine derzeitigen Spielinteressen weiter gewährt werden, oder es wird z. B. mit einer Karte eingeladen, um einem bestimmten Angebot zuzuschauen oder aktiv teilzunehmen.

Bewährt hat sich auch, im Laufe eines Kindergartenjahres eine ange-botsfreie Zeit von ein oder zwei Wochen zu planen. In dieser Zeit findet dann teilnehmendes Beobachten statt, wodurch oft neue Erkenntnisse über die Interessen der Kinder gewonnen werden. Nicht selten wirkt sich das auf die Praxis aus.

Projekte als erweiterte Bildungsmöglichkeiten

Projekte werden nicht als Programme abgespult. In der Logik des offenen Kindergartens sind sie das Ergebnis von Wahrnehmung, Reflexion und Kindzentrierung. Ihre Bedeutung und ihren Stellenwert erfahren sie im Prozess mit den Kindern.

Solange die Kinder damit beschäftigt sind, die vielen Spiel- und Kon-taktmöglichkeiten kennen zu lernen und auszuschöpfen, sind Projekte nicht wichtig. Sie werden deshalb eher in der zweiten Hälfte des Kinder-gartenjahres angeboten und durchgeführt. Auch wird differenziert zwi-schen den jüngeren und den älteren Kindern, mit denen gegebenenfalls gesondert Projekte stattfinden. Für ältere, die vor der Einschulung ste-hen, bietet sich u. a. ein Schulprojekt an.

Projekte werden gemeinsam mit den Kindern geplant und durch-geführt. Bei Altersmischung oder unterschiedlichen Lernerfahrungen gilt es, die verschiedenen Möglichkeiten der Kinder sorgfältig in die Planung einzubeziehen, um so das Prinzip der Individualisierung umzusetzen.

Wenn es ein Projekt zulässt, werden die einzelnen Angebote mit den Stärken der pädagogischen Kräfte abgestimmt. Angebote finden dann in den Räumen und Bereichen statt, die diese verantworten. Zugleich wer-den dadurch raumspezifische Akzente gesetzt.

In offenen Kindergärten, die das Fachfrauenprinzip umgesetzt haben, ist die Vorbereitung effektiver und zeitsparender und verlaufen die Bil-dungsprozesse differenzierter als in Einrichtungen, in denen sich Erzie-herinnen für viele Themenbereiche zuständig fühlen. Wer viele Gebiete wahrnimmt, kann nicht alle gleichermaßen vertiefen.

Erkennbare Zeitstruktur mit Ritualen und Signalen

Die Zeitstruktur ist fester Bestandteil in jedem offenen Kindergarten. Sie kann jedoch nicht verallgemeinert werden, weil sich jedes Team aufgrund der örtlichen Situation und seiner Arbeitsschwerpunkte seinen spezi-fischen Tagesablauf erarbeitet und diesen gegebenenfalls modifiziert. So gilt es dann Bringphase, Freispiel, Frühbesprechung des Teams, Morgenkreis, Angebote, Frühstück und die Schlussphase mit Aufräumen, Abschlusskreisen und Abholen in einen sinnvollen zeitlichen Ablauf zu bringen. Setzt sich die Kindergartenzeit über den Mittag fort, muss der zeitliche Ablauf auch für die Mittags- und Nachmittagszeit gefunden werden. Als Grundsatz gilt in diesem Zusammenhang: So viel Struktur wie nötig, so wenig wie möglich.

Neben der Tagesstruktur ist vielfach auch eine Wochenstruktur zu erkennen. So gibt es in manchen Einrichtungen einen gemeinsamen Wochenbeginn und -schluss. An bestimmten Tagen finden die üblichen Angebote nicht statt, weil ein gemeinsames Frühstück oder Fest, Schwimmen, Hallentag, Waldtag und Ähnliches den Tagesablauf kennzeichnen und ausfüllen.

Für das Team bewährt sich auch eine Jahresstruktur, die sich aus der Planung besonderer Aktivitäten wie Feste, Ausflüge, Freizeiten, Familiengottesdienste und Schließzeiten usw. ergibt. Ein solches Vorgehen bewährt sich als sinnvoller Weg, weil so die besonderen Aktivitäten bewusst begrenzt bleiben und die allgemeine pädagogische Arbeit im Kindergarten absolute Priorität behält.

Rituale geben einzelnen Tagesschwerpunkten eine wiederkehrende Struktur, die mit der Zeit einfach dazugehören. So wird z. B. im Morgenkreis, wenn dieser nicht zu groß ist, ein Sprechstein oder ein anderes Symbol herumgegeben. Ritualisiert wird auch die Präsentation von Angeboten, die dann beispielsweise mit der Wahl eines farbigen Chip zum Abschluss kommt.

Schließlich gehören zur Zeitstruktur auch bestimmte Signale oder Ansagen, um z. B. auf den Beginn des Morgenkreises, Angebotes oder Aufräumens aufmerksam zu machen.

Kooperationsstruktur und Handlungsforschung

Damit der Aufbau eines offenen Kindergartens gelingen und der Prozess im Fluss bleiben kann, müssen Zeiten für die Auseinandersetzung im Team gefunden werden. Zeit ist vor allem dafür erforderlich, um regelmäßig über Kinder und deren Entwicklung zu sprechen. Die übliche wöchentliche Dienstbesprechung von ein bis zwei Stunden reicht nicht aus. Als sinnvoll hat sich eine klare Trennung zwischen organisatorischer und inhaltlicher Dienstbesprechung erwiesen. In der Regel hat das zur Folge, dass organisatorische Punkte immer mehr reduziert werden, weil die rein informativen Anteile über ein Info-Brett oder eine Info-Mappe weitergegeben werden können. Ein weiterer Zeitgewinn ergibt sich durch eine straffere Leitung der Teamsitzungen. Gesprächs- und Moderationsregeln verhelfen hier zu einem disziplinierteren Arbeiten. Folgende Kooperationsformen haben sich bewährt:

- **Frühbesprechung** von 15–30 Minuten. Sie findet zu einer Zeit statt, in der noch nicht so viele Kinder da sind, ein bis zwei Mitarbeiterinnen bilden den Begrüßungsdienst und behalten die Kinder im Blick. Diese tägliche Besprechung findet in einigen Einrichtungen um die Mittagszeit statt.
- **Verlängerte wöchentliche Dienstbesprechung** am Nachmittag oder Abend. Hier bewährt es sich immer mehr, nach der Kinderbetreuung eine Pause einzuplanen, auch wenn das für manche Mitarbeiterinnen organisatorisch ein Problem ist. Fantasie ist gefragt, um mit neuen Kräften in die Dienstbesprechung zu gehen.
- **Supervision** von zwei bis drei Stunden in drei oder vierwöchigen Abständen. Diese ist erforderlich, wenn die Zusammenarbeit durch unterschwellige Probleme gefährdet ist oder ins Stocken gerät. Sie kann aber auch zeitweise dazu dienen, unter Anleitung zu einer offeneren Kommunikation zu kommen.

▪ **Teamtage oder kindergartenzentrierte Fortbildungen** in regelmäßigen Abständen (vier bis zehn Tage im Jahr). Diese „störungsfreie" Zeit, die Teams auch in Klausur durchführen, ist der Achtsamkeit, des reflektierten Innehaltens und der Weiterführung offener Arbeit gewidmet. Hier gibt es dann auch einen zeitlichen Rahmen für die Auseinandersetzung über fachliche Inhalte, gegebenenfalls durch einen Referenten oder eine Fachberaterin. Solche Tage werden auch zur Hospitation in einem anderen Kindergarten genutzt.

▪ **Themenabende** in vier- bis fünfwöchigen Abständen. Hier werden wichtige Themen aufgegriffen oder vertieft. Für diese besondere Zeit muss jede Mitarbeiterin ein Zeitkontingent ansammeln.

▪ **Pädagogischer Tisch** von einer Stunde während der Freispielzeit. Er dient vor allem dazu, über einzelne Kinder zu sprechen. Favorisiert wird diese Kooperationsform von A. J. Wieland. Er begründet dies mit dem Argument, dass heutige Kinder eine Zeit ohne Erwachsene brauchen. Pädagogisch ist eine solch lange Abwesenheit aus unserer Sicht nicht vertretbar, wenn die Präsenz und Ansprechbarkeit von Erwachsenen als wichtiges Prinzip und die Aufsichtspflicht auch bei zeitweiser Abwesenheit kontinuierlich wahrgenommen werden soll. Natürlich ist es wichtig, in regelmäßigen Abständen und vor Elterngesprächen über Kinder zu sprechen. Das muss dann im Rahmen obiger Strukturen oder mit zusätzlichen Terminen bewältigt werden.

Bei der bisherigen Schilderung ist der gesellige Aspekt als beziehungsverstärkende Komponente nicht vorgekommen. Er wird in Teams unterschiedlich wahrgenommen und kann zusätzlich sehr bereichernd sein.

Für die effektive kooperative Zusammenarbeit hat sich die bereits beschriebene Handlungsforschung als Methodenkonzept bewährt. Das strukturierte Vorgehen diszipliniert und führt zu einem verstehenden Vorgehen, bei dem Fachwissen einfließt und so zur Anwendung kommt. Der lösungsorientierte Diskurs im Team fordert kreative Ressourcen heraus und führt zu einem einheitlichen Vorgehen. Dieser Weg kann als besonders entlastend gewertet werden, weil nicht die Perfektion am Ende steht, sondern ein gemeinsames Bemühen um einen angemessenen Weg für Mitarbeiterinnen, Kinder und Eltern. Das schließt Fehler mit ein, die dann zu einem späteren Zeitpunkt nach erneuter Handlungsforschung korrigiert werden können. Fehler werden unter dem Aspekt ihres

Wertes und nicht als Versagen betrachtet, weil sie zu veränderten und besseren Möglichkeiten hinführen.

Strukturen für mehr Mitverantwortung und Mitwirkung

Hier geht es um die organisatorische Seite der bereits erläuterten Mitverantwortung und Mitwirkung (Partizipation). So gibt es Kinderdienste mit einem wöchentlichen Zeitrahmen, z. B. für Blumen- und Aquarienpflege, für die Vorbereitung des Frühstücksbüffets oder Mittagessens, für die Pflege des Gartens und des Außengeländes, für Schneeräumen im Winter. Teilweise werden solche Dienste im Rahmen von Projekten durchgeführt. Eine besondere Anforderung ergibt sich, wenn Kinder ein Angebot durchführen oder als Meister mit Zertifikat in der Werkstatt Lehrlinge anleiten. Die Möglichkeiten, Kindern etwas zuzutrauen und sie partizipieren zu lassen, sind zahlreich.

Für die Mitwirkung der Kinder haben sich verschiedene Formen entwickelt: kommunikative Morgenkreise, Feedbackrunden, Schlusskreise, Vollversammlung oder Plenum, Kinderrat mit jeweils zwei Vertretern aus allen Gruppen und schließlich Kinderkonferenz und Kinderparlament. Durch solche Formen der Mitwirkung und Mitbestimmung kommen Kinder zu demokratischen Erfahrungen. Sie lernen dabei, wie soziale Systeme über die eigene Beteiligung gestaltet werden und veränderbar sind.

Inzwischen zeigt sich auch, dass Kinder bei groben Regelverstößen und anderen Verfehlungen einzelner Kinder oder Kindergruppen einen starken Sinn für Ordnung, Fairness und Gerechtigkeit aufbringen und eindeutig Konsequenzen als Folge eines unangemessenen Verhaltens formulieren können.

Veränderte Gruppenstrukturen mit und ohne Stammgruppen

Die Veränderung im offenen Kindergarten von der Pädagogik im Gruppenraum zu einer Pädagogik im ganzen Kindergarten bedeutet nicht automatisch, die Stammgruppen aufzulösen. Es gibt offene Kindergärten mit und ohne Stammgruppen. Das wird so bleiben, weil jeder Kindergarten einen eigenen Weg beschreitet. Bleibt die Stammgruppe und ihre Raumgebundenheit im offenen Kindergarten dennoch bestehen, reduzieren sich jedoch deren Funktionen:
- Sie besteht als Liste, weil die Aufnahme von Kindern in genehmigten Gruppen erfolgt.

- Sie besteht aus regelmäßigen Treffen im Morgen- und/oder Schlusskreis.
- Sie besteht zur Orientierung für Eltern. Die Stammgruppenleiterin ist Ansprechpartnerin.
- Sie dient im Einzelfall bestimmten Gemeinschaftsveranstaltungen wie Geburtstagsfeier, Ausflug, Übernachtung im Kindergarten.
- Sie gewährleistet Betreuung und ist Ausgangspunkt für Kinder bei ihrer Eroberung des Kindergartens.

Für die Auflösung der Stammgruppen sprechen viele Argumente. Stammgruppen sind Zwangsgruppen und entsprechen mit ihrer Gruppenzahl von meistens 25 Kindern nicht den Gruppenbedürfnissen von kleinen und großen Menschen. Offenbar fühlen sich Menschen in kleinen Gruppen am wohlsten. Das entspricht vermutlich unserer stammesgeschichtlichen Entwicklung und wird auch durch die Kleingruppenforschung bestätigt. Bis heute gibt es keine Forschungsergebnisse, die den Beweis erbracht haben, dass für Kinder im Alter von drei bis sechs/sieben Jahren die Großgruppe eine angemessene soziale Form ist. So fordern ja auch die

Funktionsecken in den traditionellen Stammgruppenräumen dazu auf, sich in Kleingruppen zu organisieren.

Kinder gehen nicht beliebig Beziehungen ein, sondern wählen ihre Spielpartner mit zunehmendem Alter nach Bedürfnissen, Interessen und Sympathie aus. Sie halten sich gern in kleinen Gruppen auf, kommen aber auch in Gruppen von acht bis zwölf Kindern zurecht und finden Möglichkeiten der Selbstregulierung.

Morgen- und Schlusskreise in Stammgruppen sollten deshalb möglichst aufgeteilt werden, auch müssen Geburtstagsfeiern nicht unbedingt mit der Großgruppe stattfinden.

Die Erfahrungen offener Kindergärten mit aufgelösten Stammgruppen machen inzwischen deutlich, dass alternative Formen gefunden werden können, die den Gruppenbedürfnissen von kleinen und großen Menschen entsprechen. So wird z. B. in einem dreigruppigen integrativen Kindergarten mit überschaubaren Räumlichkeiten in einem sozialen Brennpunkt wie folgt verfahren: Zehn bis zwölf Kinder werden einer Betreuungserzieherin zugeordnet, die für diese Kinder zuständig ist. Sie achtet besonders darauf, dass sich diese Kinder wohlfühlen. Erkennt sie Probleme, spricht sie diese in der Frühbesprechung an. Zugleich ist sie Ansprechpartnerin für Eltern. Die pädagogischen Mitarbeiterinnen werden außerdem für einzelne Kinder Bezugserzieherinnen, wenn diese Bindungsbedürfnisse signalisieren und bilden gegebenenfalls Bezugsgruppen. Unabhängig davon treffen sich die Kinder in Morgenkreisen in einem bestimmten Raum bei einer Erzieherin ihrer Wahl mit zehn bis zwölf Kindern. Nach vier Wochen haben sie die Möglichkeit, die Gruppen zu wechseln und bleiben dann dort für die nächsten vier Wochen.

Dieses Beispiel zeigt, dass pädagogische Erfordernisse mit dem Bedürfnis nach kleinen Gruppen verbunden werden können. Alternativen zu Stammgruppen mit Entscheidungsspielräumen für Kinder sind also möglich. Daneben können Kinder Großgruppen wie Vollversammlung oder Kinderparlament erleben und sich auch in diesem sozialen Feld im Zuhören, Sprechen und später im Diskutieren erproben und erfahren.

Gemeinschaftserfahrungen als besondere Höhepunkte

Feste und andere Höhepunkte des Jahres haben im Kindergarten eine lange Tradition. Sie sind Bestandteil der sozialpädagogischen Arbeit. Das ist im offenen Kindergarten nicht anders, auch er will wichtige Momente unseres kulturellen Lebens widerspiegeln.

Feste sind besondere Höhepunkte im Laufe des Jahres und des Lebens, oft sind sie mit religiösen Traditionen und Geschichten verbunden. Auch im offenen Kindergarten werden kulturelle und religiöse Feste und Traditionen ausländischer Mitbürger mit aufgenommen und deren Inhalte und Bedeutungen vermittelt. Darüber hinaus werden Jubiläen, Fasching, Frühlings-, Sommer- oder Herbstfest gefeiert, hier kommen dann auch oftmals örtliche Traditionen zum Ausdruck. Auch Ausstellungen, z. B. eine Vernissage von Werken der Kinder, können zu besonderen festlichen Höhepunkten werden. Von der Reggio-Pädagogik wird der Aspekt aufgegriffen, bestimmte Projekte mit einem Fest abzuschließen.

Neben den festlichen Höhepunkten werden im offenen Kindergarten Gemeinschaftserlebnisse in kleineren Gruppen auch durch Ausflüge, Freizeiten, Übernachtungen im Kindergarten, Familiengottesdienste ermöglicht.

Für die Feste und andere Gemeinschaftserlebnisse gilt das, was schon in Verbindung mit Projekten genannt wurde. Sie sollen kein Programm *für* Kinder, sondern Höhepunkte *mit* Kindern sein. Kinder können deshalb mitplanen, vorbereiten und selbstverantwortlich Aufgaben bei der Durchführung übernehmen.

Rollenstruktur und Selbstverständnis der Mitarbeiter

Die nachfolgende Rollenstruktur ergibt sich als Konsequenz aus der Grundidee, dass Kinder Selbstgestalter ihrer Entwicklung sind. Dass die pädagogischen Mitarbeiter *für* Kinder im Prozess sind, zeigt sich darin, dass sie zu einem gemeinsamen Denken und Handeln finden, sich um eine entspannte Atmosphäre bemühen, Handlungsforschung durchführen, Entwicklungen der Kinder reflektieren und eine vorbereitete herausfordernde Umgebung schaffen, die fortlaufend aktualisiert wird. Pädagogische Mitarbeiter sind *mit* Kindern im Prozess, wenn sie sie begleiten, schützen, unterstützen, ihnen Grenzen setzen, ihre Bindungswünsche erwidern, mit ihnen kommunizieren und feiern, wenn sie sie mitbestimmen und mitwirken lassen und Kindern neue Lern- und Bildungsmöglichkeiten eröffnen. Pädagogische Mitarbeiter sind *mit allen* Kindern im Prozess, indem sie alle Kinder in ihrem Einzugsbereich aufnehmen, jedes Kind mit seinen Stärken sehen lernen, es auf seinem jeweiligen Entwicklungsniveau individuell fördern und gemeinsame Erlebnisse schaffen, durch die jedes Kind zu seinem Erfolg kommen kann. Das alles geschieht mit der Absicht, dass Verschiedenheit zur Normalität wird.

Das Selbstverständnis ist vor allem dadurch geprägt, dass sich die Mitarbeiter im Team als Selbstgestalter ihrer Pädagogik verstehen, vernetzt mit ihrem Umfeld und verpflichtet, Kindern zu ihrem Selbstwerden zu verhelfen und hierbei deren Lebensgeschichten, Familiensituationen und allgemeine Lebensbedingungen zu berücksichtigen. So nehmen sie gemeinsam Verantwortung wahr, fühlen sich einer Ethik des Verstehens verpflichtet und schaffen einen Raum für positive Entwicklungen.

Zum Selbstverständnis gehört auch das Bewusstsein, dass einem Kind nicht erlaubt werden kann, Kind zu sein, denn es ist Kind, mit dem Recht auf Freiraum, auf den heutigen Tag und darauf, so zu sein, wie es ist. Hier spiegeln sich Aussagen von J. Korczak wider. Im Gegensatz dazu erlaubt das Kind der Erzieherin, für es Erzieherin zu sein. Hier zeigt sich eine Abhängigkeit der Erzieherin von den Kindern, wie das die Reggio-Pädagogik deutlich gemacht hat.

Zum Selbstverständnis gehört darüber hinaus das Bewusstsein, dass die Kinder hinsichtlich ihrer Entwicklungsmöglichkeiten auf die Erzieherinnen angewiesen sind, denn ihre Entwicklungschancen sind auch davon abhängig, wie einfühlend, gewährend, Grenzen setzend, gewissenhaft, umsichtig, anregend, vielseitig und herausfordernd die pädagogischen Mitarbeiterinnen ihre Arbeit gestalten.

2. Besonderheiten in offenen Kindergärten

Bei der Beschreibung der Strukturen sind wir von offenen Kindergärten mit meistens zwei, drei oder vier Gruppen ausgegangen, die die meisten Kinder am Vormittag haben und in der Regel Drei- bis Sechsjährige aufnehmen. Sie erfüllen damit den Rechtsanspruch auf einen Kindergartenplatz. Auch wenn jeder Kindergarten seine eigene Organisationsgestalt hat, sind die Grundstrukturen bei der Mehrzahl offener Kindergärten in etwa gleich. Vereinzelt kommt es jedoch auch zu Abweichungen, von denen einige hier kurz beschrieben werden sollen.

So gibt es große offene Einrichtungen mit fünf und mehr Gruppen, zum Teil mit Krippe und Hort. Einrichtungen dieser Größenordnung erreichten ihren Umfang häufig erst, nachdem das Gebäude aufgestockt worden war oder Anbauten erfolgt waren. Manchmal wurden auch Wohnungen im ersten Stock oder Dachgeschoss einbezogen. Das alles trug dazu bei, dass der Kindergarten durch die Räumlichkeiten unübersichtlich wurde. In solchen Fällen kann keine organische Einheit entstehen. Auch erschwert die große Zahl der MitarbeiterInnen eine effektive Teamentwicklung. Trotzdem finden auch solche Einrichtungen zu einem offenen Konzept, indem die Öffnung jeweils zwischen zwei oder drei Gruppen erfolgt und bestimmte Räume und natürlich der Außenbereich für alle Kinder zur Verfügung stehen. Aufgrund der Raumgegebenheiten bilden sich also Untereinheiten und Unterteams, die intensiver zusammenarbeiten.

Eine andere Situation ergibt sich für Kindergärten in sozialen Brennpunkten. Hier werden in Verbindung mit der Öffnung andere Akzente gesetzt. In der Regel erleben die Kinder durch ihre Familien eher wenig Struktur und Orientierung. Auch erfahren sie weniger verlässliche Fürsorge. Solche Kinder brauchen aufgrund ihrer Lebenssituation besonders verlässliche, Sicherheit vermittelnde Erzieherinnen und eine kontinuierliche Betreuung. Deshalb bleiben besonders in unübersichtlichen Häusern Stammgruppen als Zentrum des Kindergartens mit einer konstanten Bezugsperson bestehen. Die Räume müssen dann nicht unbedingt traditionell mit Funktionsecken eingerichtet bleiben, jedoch sollten die Kinder für ihre Spielinteressen genügend Möglichkeiten vorfinden.

Eine solche Raum- und Stammgruppenzentrierung ermöglicht einerseits, dass Kinder sich schrittweise in das offene System begeben und andererseits für Kinder, die entsprechend ihrer Gewohnheiten in ihren sozialen Bezügen eher unverbindlich bleiben wollen, nach und nach in der Stammgruppe einen festen Platz finden. Das schließt gegebenenfalls gemeinsames Essen im Gruppenraum mit ein.

Durch eine solche Differenzierung wird die Absicht verfolgt, Kindern zu Erfahrungen zu verhelfen, die sie so bisher in ihrem Leben nicht ausreichend machen konnten. Zusätzlich wird eine individuelle Ausrichtung erforderlich sein, die von allen pädagogischen Mitarbeiterinnen beachtet werden muss. Da viele „Brennpunktkindergärten" in der Mehrzahl Kinder aus ausländischen Familien haben, muss sorgfältig darauf geachtet werden, dass ein entsprechendes Sprachfeld mit deutscher Sprache besteht. Das schließt nicht aus, dass für nicht-deutsche Kinder muttersprachliche Angebote gemacht werden.

Aufgrund der zunehmenden Konkurrenzsituation sind auch Mitarbeiterinnen aus offenen Kindergärten gezwungen, zeitweise zweijährige Kinder aufzunehmen. In der Regel werden diese Kinder als Gruppe in einem Raum zusammengefasst und im gemeinsamen Prozess die Räume entsprechend ausgestattet. Ältere Kinder gehören dann dazu, wenn das Stammgruppenprinzip bestehen bleibt. Die Großen ziehen jedoch meistens das Spielen im gesamten Kindergarten vor. So belegen die Zweijährigen eine Zeitlang den Raum als Teilgruppe, bis bei ihnen die Sicherheit und das Interesse für den ganzen Kindergarten gewachsen sind.

Einrichtungen mit Kindergarten und Hort bilden in offenen Kindergärten in der Regel eine Einheit. Das schließt nicht aus, dass der Hortbereich seine Raumschwerpunkte behält, besonders wenn er räumlich abgetrennt ist. Kindergartenkinder nutzen dann diese Räume entsprechend ihren Interessen und die Hortkinder nutzen die Spielmöglichkeiten im Kindergarten. Hortkinder werden auch bei gruppenübergreifenden Planungen einbezogen und zugleich bestehen für sie gesonderte Programme, besonders in den Ferien.

Bleibt abschließend zu diesem Punkt noch zu sagen, dass offene Einrichtungen mit gemeinsamer Erziehung von Kindern mit und ohne Behinderung sich nicht von anderen Kindergärten unterscheiden müssen. Nichtaussonderung schließt mit ein, dass es für so genannte behinderte Kinder keine Besonderheiten gibt. Individuelle Betreuung und Förderung gibt es auch für Kinder, für die keine besonderen Rahmenbedingungen in Verbindung mit dem Bundessozialhilfegesetz geschaffen werden können. Jedes Kind kann besondere Entwicklungsbedürfnisse signalisieren, die dann durch eine entsprechende Betreuung und Förderung aufgegriffen werden müssen. Der einzige Unterschied könnte in der therapeutischen Unterstützung bestehen, wenn diese in gesonderten Räumen isoliert stattfindet. Ein solches Vorgehen wird jedoch mehr und mehr durch integrierte Therapie oder durch ausschließliche Beratung und Kooperation mit den Therapeuten ersetzt.

3. Elternarbeit im offenen Kindergarten

So wie in der Pädagogik wird auch in der Elternarbeit viel Handlungsforschung betrieben, mit dem Ergebnis, dass jeder offene Kindergarten ein individuelles Konzept für die Elternarbeit entwickelt hat. Nachfolgend werden die Tendenzen beschrieben, die im Hinblick auf eine veränderte Pädagogik und neue Möglichkeiten durch eine veränderte Arbeitsorganisation von Bedeutung sind.

Elterneinzelgespräche

Der verstärkte Blick auf das einzelne Kind erfordert eine persönlichere Zusammenarbeit mit den jeweiligen Familien. Durch diesen Aspekt verlagert sich die Ausrichtung der Elternarbeit im offenen Kindergarten weg von vielen Elternabenden und hin zu mehr Einzelgesprächen, die ein intensiveres Eingehen auf die Situation des Kindes im Kindergarten und auch in der Familie erst möglich machen. Dabei haben sich verschiedene Formen herausgebildet, die von für alle Eltern festgelegten Elterngesprächstagen bis hin zu ganz individuell verabredeten Einzelgesprächen während der Freispielzeit am Vormittag reichen.

Bisherige Erfahrungen zeigen, dass Elternsprechtage in halbjährigem Rhythmus ausreichen, wobei die Gesprächszeit zwischen 15 und 20 Minuten variiert. Natürlich empfiehlt es sich, diese Gesprächstage so zu legen, dass auch berufstätige Elternteile daran teilnehmen können. Die eleganteste Form bildet eine Kombination aus beiden Möglichkeiten. Zunächst werden während der zeitlich relativ eng terminierten Sprechtage die meisten Anliegen geklärt, und es findet ein allgemeiner Austausch über die Entwicklung des Kindes statt. Stellt sich während dieser Unterredung mehr Gesprächsbedarf heraus, kann ein zusätzlicher Termin am

Vormittag vereinbart werden. Bewährt hat sich auch, dass den Eltern auch bei unmittelbarem Bedarf Einzelgespräche eingeräumt werden und dass die Mitarbeiterinnen sich die Möglichkeit offen halten, Eltern zu einem Gespräch einzuladen.

Die Zeit für Gespräche am Vormittag ergibt sich aus der strikten Trennung zwischen Angebots- und Freispielzeit und dem für alle verbindlichen Tagesablauf. Während der Freispielzeit ist nun für Teile der Mitarbeiterschaft Zeit für andere wichtige Dinge, unter anderem auch für Elterngespräche.

Einzelgespräche im Rahmen der Elternsprechtage haben sich besonders bewährt, wenn es darum geht, mit Eltern über die Einschulung und die Schulfähigkeit zu sprechen. Spätestens ein halbes Jahr vor Schulbeginn kommen zu diesem wichtigen Thema Fragen von den Eltern, die häufig mit der Sorge verbunden sind, ob ihr Kind problemlos den Übergang zur Schule schafft. Gerade in dieser Situation können die Mitarbeiterinnen häufig mit der Beschreibung der Entwicklung des Kindes im Kindergarten für eine Entlastung sorgen, oder mit den Eltern beraten, welche Schritte bis zum Schulbeginn noch sinnvoll sind. Darüber hinaus kann in diesen Gesprächen deutlich gemacht werden, was mit Schulfähigkeit im Sinne einer ganzheitlichen Entwicklung gemeint ist.

Elternversammlungen

Die Elternversammlungen für alle Eltern des Kindergartens sind analog zu den Vollversammlungen aller Kinder zu sehen. Da den Mitarbeiterinnen und Eltern Einzelgespräche inzwischen am wichtigsten sind, wird an dieser Stelle oft Zeit gespart.

Elternversammlungen werden dann besonders wichtig, wenn zukunftsorientiert gemeinsame Projekte geplant werden sollen, zum Beispiel die Umgestaltung des Außengeländes. Sie bekommen auch dann besondere Bedeutung, wenn der formale Rahmen der Elternratswahl eingehalten werden muss.

Elternversammlungen haben im offenen Kindergarten immer weniger die Funktion, umfassend über die Arbeit zu informieren. Das bekommen die Eltern häufig über ihre Kinder und in kurzen morgendlichen Gesprächen mit der Mitarbeiterin beim Empfang mit. Ihr Informationsbedürfnis wird zudem über umfangreiche Darstellungen und Dokumentationen von Projekten und Angeboten, die zum Beispiel im Eingangsbereich ausgestellt werden, gestillt. Veranstaltungen und Termine werden wie üblich schriftlich angekündigt. Seit Neuestem wird auch das Internet genutzt, um Konzeption und Aktuelles darzustellen.

Eine andere Situation ergibt sich, wenn Kindergärten mit der Entwicklung noch am Anfang stehen und ganz wesentliche Veränderungen der Strukturen, zum Beispiel, das Öffnen der Türen mit mehr Freiraum für die Kinder, die Auflösung von Stammgruppen etc. angestrebt werden. In diesem Fall sind Elternversammlungen ein bewährtes Mittel, um die Eltern in den Veränderungsprozess mit einzubeziehen, die Absichten offen zu legen und ihnen die Möglichkeit zu geben, die angestrebte Umgestaltung der pädagogischen Arbeit zu diskutieren.

Anmeldung eines Kindes und Vorstellungselternabende

Die Elternarbeit beginnt mit der Anmeldung eines Kindes. Da die Strukturen eines offenen Kindergartens für Eltern oft schwerer zu durchschauen sind, wird der Darstellung der pädagogischen Arbeit in der Regel viel Raum und Zeit eingeräumt. Nachdem die Anmeldeformalitäten geregelt sind, werden die Eltern gemeinsam mit ihren Kindern häufig zu einer Hospitation zu einem späteren Termin eingeladen, bei dem sie mit der vorbereiteten Umgebung des Kindergartens bekannt gemacht werden. Sie sollen die Atmosphäre spüren können und erleben, wie die Kinder mit den Spielbereichen zurecht kommen. Eine Mitarbeiterin begleitet sie während dieser Zeit, erklärt die Strukturen, die pädagogischen Absichten und zeigt die Möglichkeiten für die Kinder auf. Zudem steht sie für Fragen der Eltern zur Verfügung. Diese Hospitationen finden in der Freispielzeit statt.

Sehr gute Erfahrungen werden mit Einführungselternabenden vor Beginn des Kindergartenjahres gemacht. Dieser Abend wird in einigen offenen Kindergärten so strukturiert, dass der Tagesablauf des Kindergartens mit Vollversammlung, Angebots- und Freispielzeit und Schlusskreisen von den Eltern in verkürzter Form nacherlebt werden kann. So erfahren sie sehr plastisch, dass es neben vielen entwicklungsnotwendigen Freiräumen und der Vielfalt an individuellen Lern- und Erfahrungsmöglichkeiten auch eine verbindliche und Orientierung gebende Struktur gibt.

Identifikation durch Mitarbeit

Der offene Kindergarten bietet durch die differenzierte Umgestaltung der Räume in Spielbereiche mit besonderen Funktionen drinnen und draußen viele Gelegenheiten für eine gemeinsame Gestaltung durch Eltern und Mitarbeiter. Viele Umgestaltungsideen für ein differenziertes Raumprogramm sind in Ermangelung finanzieller Möglichkeiten nur mit den Eltern umsetzbar.

Hier bietet sich die Gelegenheit, sich durch konkrete Maßnahmen im Kindergarten für die Kinder einzusetzen. Die Erfahrungen gehen von der gemeinsamen Umgestaltung des Freigeländes in ein naturnahes Erlebnisgelände bis hin zur Ausgestaltung von Theaterräumen oder einer Holzwerkstatt. Renovierungen der Räume, das Zusammenbauen und Bearbeiten von Spielmaterialien, zum Beispiel der Bewegungsbaustelle, gehören ebenfalls dazu. Der positive Nebeneffekt ist, dass sich Eltern mit ihrem Kindergarten identifizieren können und dass durch die Zusammenarbeit auf informellem Wege gute Beziehungen und damit auch Vertrauen aufgebaut werden können.

Eltern als Fachleute

Im offenen Kindergarten sollten sich die pädagogischen Mitarbeiterinnen zu Fachfrauen in einem Spezialgebiet weiterentwickeln. Das führte zu der Frage, ob nicht auch Fachleute von außen in das pädagogische Angebot integriert werden können? Besonders wichtig sind dabei die Eltern, denn viele von ihnen haben beruflich oder privat Fertigkeiten entwickelt, von denen die Kinder für ihre Entwicklung profitieren können. So sind im Rahmen von Angebotsreihen oder Projekten Beteiligungen von Eltern unbedingt erwünscht. Es gibt Eltern oder auch Großeltern, die sehr gut Geschichten erzählen können oder die professionell mit kreativem Gestalten zu tun haben. Auch können Eltern, die beruflich kochen, sich am Computer auskennen oder diejenigen, die einen handwerklichen Beruf ausüben, im Kindergarten Angebote mitgestalten. Der Fantasie sind fast keine Grenzen gesetzt, wenn es darum geht, die Kompetenzen von Eltern in den Kindergartenalltag mit einzubeziehen und den Kindern damit neue Lernchancen zu eröffnen.

Gemeinsame Feste und Höhepunkte

Mit den Eltern gefeierte Feste gehören mit zu den Höhepunkten im offenen Kindergarten und sind Teil der Eltern- beziehungsweise Öffentlichkeitsarbeit. Dazu gehören Abschlussveranstaltungen im Rahmen eines Projektes, wie zum Beispiel eine Vernissage als Höhepunkt eines Kunstprojektes, oder traditionelle Veranstaltungen, wie Laternenumzug oder das Sommerfest. Dabei bauen die Mitarbeiterinnen auf die Zusammenarbeit mit den Eltern. Durch die engagierte Beteiligung der Eltern bei der Planung und Durchführung von vielen Veranstaltungen haben die Mitarbeiterinnen die Möglichkeit, sich noch mehr auf die pädagogische Arbeit mit den Kindern zu konzentrieren. Zum Beispiel können sie so zu einem Fest gemeinsam mit den Kindern einen Beitrag leisten, während die Eltern die Organisation des Rahmenprogrammes übernehmen.

Zusammenfassung

In der Elternarbeit kommt es in erster Linie darauf an, den Eltern mit ihren Informationsbedürfnissen in vielfältiger und individueller Weise entgegen zu kommen und mit ihnen eine gemeinsame Basis durch eine inhaltliche Einstimmung zu finden. Diese Basis ist eine wichtige Voraussetzung für die bestmögliche Entwicklung des einzelnen Kindes. Sie kann gelingen, wenn sich über Offenheit und Transparenz Vertrauen in die Arbeit des offenen Kindergartens entwickelt.

Ganz besonders gilt das für Eltern, die dieser Arbeit kritisch gegenüber stehen. Nur über die Darlegung von Inhalten, Absichten, Regeln und Strukturen kann sich eine gute Zusammenarbeit entwickeln.

Eltern sind kompetent in Hinsicht auf ihr Kind, die pädagogischen Mitarbeiterinnen sind kompetent in Hinsicht auf die Elementarpädagogik. Dieses Motto hat sich für den offenen Kindergarten als sehr praktikabel herausgestellt. Damit werden zugleich Möglichkeiten und Grenzen der Zusammenarbeit deutlich. Die Zusammenarbeit geht nicht so weit, dass das pädagogische Konzept von Eltern mitbestimmt wird. Eltern sind gehalten, sich an diese Grenze zu halten, die Mitarbeiter, ihre Professionalität herauszustellen.

4 Ein Tag im offenen Kindergarten

Jeder offene Kindergarten entwickelt im Laufe der Zeit seine eigenen Strukturen und damit auch eine eigene Tagesstruktur. Wie bereits erläutert, ist dieser individuelle Weg Prinzip.

Im Folgenden kann deshalb nur der Tagesablauf eines offenen Kindergartens dargestellt werden, der nicht exemplarisch auf andere übertragbar ist. Es handelt sich hierbei um den Evangelischen Kindergarten Schloß Ricklingen.

Um den zeitlichen Ablauf in seiner Bedeutung für die Kinder nachvollziehen zu können, ist eine Situationsbeschreibung hilfreich. Bevor ein Tag zu Beginn des Kindergartenjahres beschrieben wird, sollen zunächst kurz das Einzugsgebiet der Einrichtung und der Kindergarten dargestellt werden.

1. Situationsbeschreibung

Schloß Ricklingen ist ein Dorf im Landkreis Hannover mit etwa 2800 Einwohnern, von denen die meisten berufstätigen Menschen in der nahen Großstadt Hannover arbeiten. Die ländliche Produktion spielt dementsprechend eine untergeordnete Rolle. Im Ort herrscht eine Bebauung mit Einfamilienhäusern vor.

In der Regel sind die Familien materiell gut abgesichert, wobei inzwischen auch immer mehr Mütter einen Weg zur beruflichen Selbstverwirklichung suchen. Es gibt wenig allein erziehende Elternteile, Ausländerkinder sind die Ausnahme, selten sind auch sogenannte „Einkindfamilien". Der Kindergarten ist der einzige im Ort und nahezu alle aufgenommenen Kinder kommen aus diesem Einzugsgebiet.

Die Kinder sind überwiegend an die sprachliche Form der Auseinandersetzung gewöhnt. Soweit das aus Beobachtungen im Kindergarten, bei gemeinsamen Veranstaltungen und aus Gesprächen mit Eltern beurteilt werden kann, hat sich der elterliche Umgang zu einem kooperativ-partnerschaftlichen Stil entwickelt. Die Eltern handeln viel mit ihren Kindern aus. Kinder werden gefragt und ihre Meinung wird häufig in Entscheidungen mit einbezogen.

Gleichzeitig wird auch eine zunehmende Verplanung der Kinder erlebt. Zusätzlich zum Kindergartenangebot besuchen sie weitere Veranstaltungen mit pädagogischem Inhalt unter Anleitung von Erwachsenen. Diese pädagogischen Inszenierungen reichen von der Musikschule über die Reitschule bis hin zu Fußballtraining und dem Kindergottesdienst am Sonntag. Dabei ist nicht das einzelne Förderprogramm bedeutend, sondern die verlockende Menge an Angeboten, die Kindern oft zu wenig Raum für spontanes und selbstorganisiertes Spiel lässt.

Obwohl die ländliche Umgebung mehr Freiraum für das Spiel der Kinder in altersgemischten Gruppen vermuten lässt, kann dies für die meisten Kindergartenkinder nicht bestätigt werden. Dazu trägt nicht nur die oben erwähnte Verplanung, sondern auch die Verlockungen durch elektronische Medien bei sowie die Sorge vor zunehmender Gewalt am Kind und die Gefahr durch den Straßenverkehr. Die Vorstellung von „schöner Wohnen" und „schöner Garten" führt häufig dazu, dass das Spiel der Kinder zu Hause für gewöhnlich den ästhetischen Ansprüchen der Eltern untergeordnet wird. Dementsprechend werden Verabredungen am Nachmittag oft auf zwei Kinder begrenzt, damit das „Chaos" spontan spielender Kindergruppen eingegrenzt und dem Ruhebedürfnis der Eltern entsprochen wird.

Diese Tendenzen haben für die Praxis im Kindergarten besondere Folgen:

- Das Freispiel, verstanden als eine Zeit des ungestörten und selbstgelenkten Spiels, bekommt ein zusätzliches Gewicht, weil im Kindergarten damit bestimmte Lebenserfahrungen ermöglicht werden.
- Die sprachliche Form der Auseinandersetzung im Elternhaus erleichtert sprachlich kommunikative Formen, wie zum Beispiel den Morgenkreis.

Der Kindergarten ist für drei Gruppen mit jeweils 25 Kindern im Alter von drei bis sechs Jahren angelegt. Die Kinder werden von sieben pädagogischen Fachkräften betreut. Der Kindergarten hat eine Kernöffnungszeit von 8.00–12.00 Uhr und zusätzlich wird für maximal 25 Kinder ein Sonderdienst ab 7.30 und bis 14.00 Uhr angeboten.

Der Kindergarten arbeitet seit nunmehr 14 Jahren an einer veränderten Pädagogik im Elementarbereich und hat sich dabei zu einem Offenen Kindergarten entwickelt. Neben der Zeitstruktur hat das Raumprogramm eine große Bedeutung erlangt und soll mit Hilfe einer Grafik (siehe nächste Seite) verdeutlicht werden.

2. Spezifische Begrifflichkeiten

In der nachfolgenden Beschreibung tauchen Aufgaben und Funktionen auf, für die der Kindergarten seine eigenen Begriffe gefunden hat und die sich am besten in einer Übersicht erklären lassen.

Empfang

Der Empfang ist durchaus mit einer Rezeption im Hotel vergleichbar. An einem Stehpult im Eingangsbereich des Kindergartens hat eine Mitarbeiterin bis morgens um 9.00 Uhr die Aufgabe, die Kinder zu empfangen. Hier wird die Anwesenheitsliste für alle Kinder geführt und hier werden alle nötigen Informationen zwischen Eltern und Mitarbeiterin ausgetauscht. Bei dieser Aufgabe wechseln sich die Erzieherinnen täglich ab.

Springerin

Eine Mitarbeiterin bildet jeden Tag ab 9.00 Uhr die Anlauf- und Koordinationsstelle für Kinder und Erwachsene. Sie hat überwiegend die Cafeteria zu betreuen und rotiert durch alle Bereiche, die von keiner Mitarbeiterin besetzt sind. Diese Kollegin hat keine weitere Aufgaben, wie Elterngespräche oder Projektplanungen, zu erledigen. Je nach Situation werden manchmal zwei Springer gebraucht.

Moderation

Kinder und Mitarbeiterinnen wollen im Morgenkreis ihren Beitrag einbringen. Oft muss eine Menge Informationen weitergegeben werden. Regeln und Absprachen sollen im Morgenkreis geklärt, Geburtstage gefeiert werden. Die Aufgabe der Moderation ist es, diese Anliegen zu koordinieren und in einen Ablauf zu bringen.

Raumprogramm Kindergarten:

Wir wollen eine vielfältige und herausfordernde Umgebung schaffen. Jedes Kind soll darin seinen Platz finden.

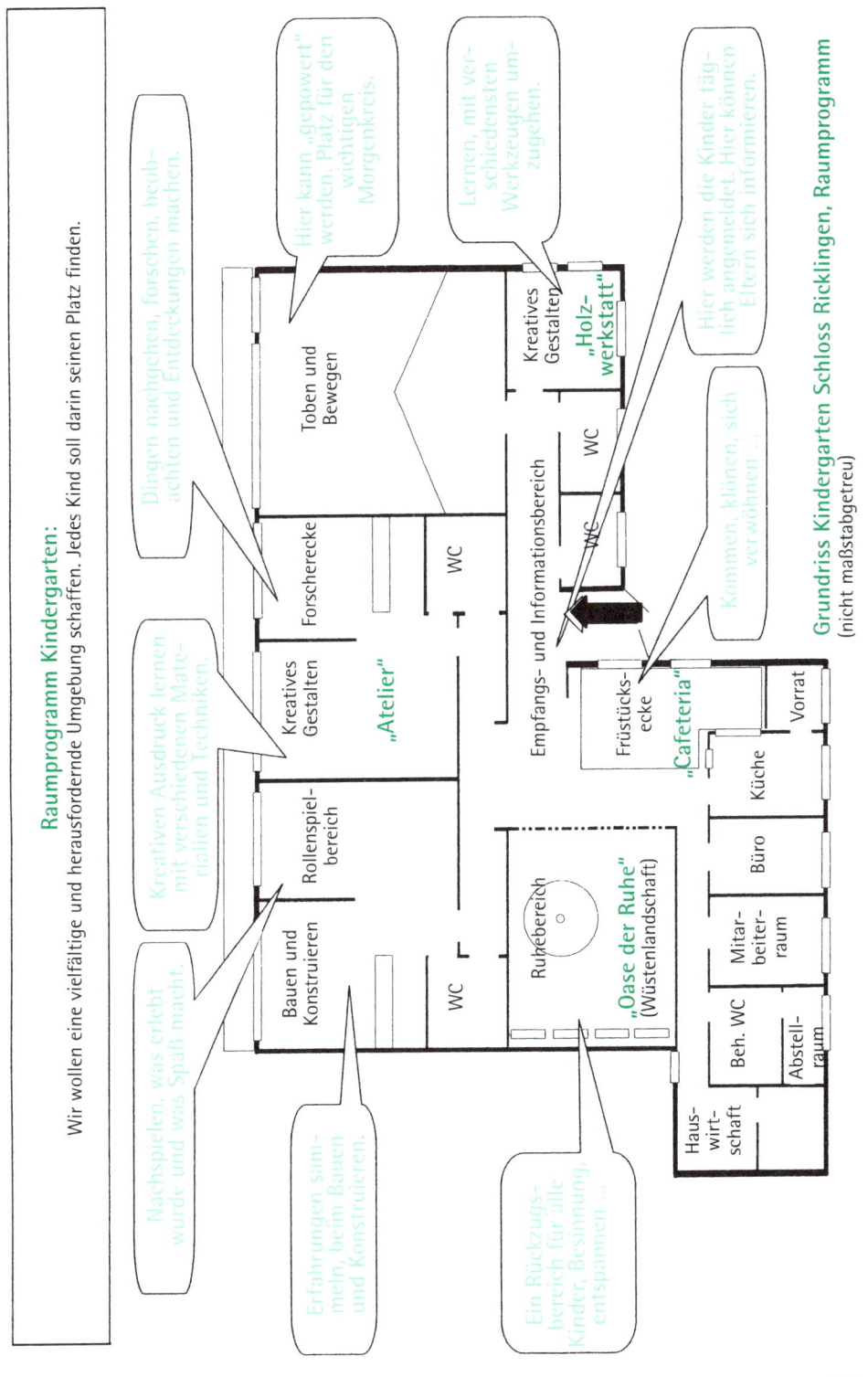

Grundriss Kindergarten Schloss Ricklingen, Raumprogramm
(nicht maßstabgetreu)

Türsteherin

Häufig gehen Kinder allein nach Hause. Manchmal werden sie von anderen Bezugspersonen als den Eltern abgeholt, manche Kinder wollen um 12.00 Uhr schon einmal allein rausgehen. Die Türsteherin betreut und überwacht das Abholen der Kinder direkt am Ausgang.

Alle unter diesem Kapitel beschriebenen Aufgaben werden von den Erzieherinnen abwechselnd übernommen.

3. Der Frühdienst

Der evangelische Kindergarten Schloss Ricklingen öffnet seine Türen morgens ab 7.30 Uhr zum Frühdienst. Zwei Mitarbeiterin erwarten die Kinder, nur wenige werden um diese Zeit gleich gebracht. So kommt erst langsam Leben in die Räume und eine Mitarbeiterinnen nutzt diese Zeit für Vorbereitungen. Die Kinder und die sie begleitenden Eltern werden grundsätzlich im Empfang von einer Mitarbeiterin begrüßt. Gelegentlich haben Eltern hier noch einige wichtige Informationen weiterzugeben, die schriftlich festgehalten werden.

Vorausgesetzt, die Kinder sind schon mit den Räumen und Spielmöglichkeiten vertraut, begeben sie sich nun selbständig in die Spielbereiche des Kindergartens, die Erzieherin im Empfang weiß Bescheid, in welchem Bereich sie sich aufhalten. In der Küche bereitet die zweite Mitarbeiterin aus dem Frühdienst die Getränke für die Cafeteria vor. Hier helfen Kinder mit, die nicht für sich allein spielen oder auf ihre Freunde warten wollen.

Im Atelier ist eine andere Kollegin schon dabei, ihr Angebot für diesen Tag vorzubereiten. Sie hat dafür einen Teil ihrer Verfügungszeit auf den frühen Morgen gelegt und kann jetzt auch vertretend einspringen, falls eine Kollegin aus dem Frühdienst ausfällt. Auch in diesem Bereich finden sich manchmal schon früh am Morgen Kinder, die kreativ ihren Ideen nachgehen wollen.

Manche entscheiden sich erst einmal für den Ruhebereich. Sie sind vielleicht noch nicht ganz wach und möchten bei leiser Musik entspannen oder in Ruhe ein Buch anschauen.

Einige Kinder haben sich ganz früh am Morgen verabredet, um im Bewegungsbereich an ihrem Zirkusprogramm weiterzuarbeiten. Und alle Kinder haben die Sicherheit: „Wenn ich die Erwachsenen brauche, sind sie für mich da."

Schon am Morgen steht den Kindern fast die ganze Palette des Raumangebotes zur Verfügung und sie entscheiden nach ihren Bedürfnissen und Vorlieben, wohin sie gehen. Damit werden den Kindern von vornherein Freiräume gewährt und Selbstverantwortung zugetraut. Für die neuen Kinder gilt das noch eingeschränkt, sie werden von einer Erzieherin bei der Erforschung des Kindergartens begleitet und erst, wenn das Kind signalisiert: „Es geht mir gut, ich komme klar", zieht sich die Erzieherin zurück.

Während die Kinder sich bis 9.00 Uhr in der ersten Freispielzeit weiter beschäftigen, sich begrüßen, spielen, toben oder frühstücken, findet die Tagesabsprache statt.

4. Tägliche Absprache im Team

Um 7.45 Uhr beginnt die Tagesabsprache, und von sieben fest angestellten Mitarbeiterinnen versammeln sich sechs Kolleginnen zuzüglich gelegentlicher Praktikantinnen im Mitarbeiterzimmer, um den Tag zu planen. Eine Kollegin geht im Empfang weiterhin ihrer Aufgabe nach. Jetzt kann dort auch ein Wechsel stattfinden, denn nun sind alle Mitarbeiterinnen anwesend und können sich ablösen.

In einem Rückblick werden zunächst alle wesentlichen Vorkommnisse des Vortages angesprochen. Ein kurzer Austausch über die abgelaufenen Angebote findet statt und das Team informiert sich, was gut oder weniger gut bei den Kindern angekommen ist. Es wird angesprochen, welche Regeln und Vereinbarungen mit den Kindern und natürlich auch im Team gut geklappt haben und wo noch nachzubessern oder woran gegebenenfalls zu erinnern ist. Frühmorgens betreiben die Mitarbeiterinnen Handlungsforschung und versuchen damit meist kleinere bestehende Praxisprobleme zu lösen. Größere Praxisprobleme werden in der wöchentlichen Dienstbesprechung oder in den monatlich stattfindenden Themenabenden angegangen.

Ganz wichtig ist der Austausch über die beobachteten Kinder. Sollen an dem Tag auch Elterngespräche stattfinden, wird von allen Mitarbeitern ein Meinungsbild zu den betreffenden Kindern abgegeben. Dies geschieht mit dem Ziel, sich ein möglichst vielfältiges und abgerundetes Bild von ihnen zu machen.

Organisation der Teamabsprache

Damit in der zur Verfügung stehenden halben Stunde möglichst viel angesprochen, alle Aufgaben verteilt werden und organisatorische Fragen geklärt werden können, haben zwei Kolleginnen in diesem Gremium Leitungs- bzw. „Wächter"-Aufgaben übernommen. Eine Kollegin führt ein Protokoll, das so genannte Tagebuch, die andere Kollegin hat die Uhr im Blick und betätigt sich als so genannter Zeitwächter. Sie erinnert das Kollegium an den knapp bemessenen Zeitraum und interveniert, wenn ein Thema zu sehr vertieft wird. Das geschieht natürlich im Wechsel und so ist jede mit diesen Aufgaben vertraut.

Was liegt an? Wer übernimmt die Tagesaufgaben? Nach diesen Fragen geht es weiter an die aktuelle Tagesplanung mit Hilfe des Tagebuches.

Das Tagebuch als Unterstützung

Um die Tagesplanung zu erleichtern, hat die Tagebuchseite die Form einer Aufgaben-Checkliste. Es dient gleichzeitig auch als Protokollbuch und stellt mit anderen Protokollen von Dienstbesprechungen, Themenabenden usw. eine Dokumentation über die pädagogische Entwicklung des Kindergartens dar. Selbstverständlich werden darin auch die Ergebnisse des Reflexionsgespräches vermerkt.

Auf der Checkliste wird festgehalten, wer die für den Tag festgelegten Aufgaben übernimmt. Natürlich werden, nachdem die Angebotsgestaltung für den Tag geklärt wurde, darin auch die Angebote notiert. Die Checkliste ist in eine „Pflicht"- und eine „Kann"- Seite unterteilt. Pflicht sind alle Aufgaben, die unmittelbar mit dem laufenden Betrieb des Kindergartens verbunden sind und die immer personell abgedeckt sein müssen. Dazu gehört zum Beispiel die Aufgabe des Springers oder die Morgenkreismoderation oder Betreuung und Aufsicht im Bewegungsbereich und auf dem Freigelände. Auf der „Kann"-Seite werden Angebote aufgeführt sowie die Bereiche, die nicht immer einer ständigen Anwesenheit bedürfen und die auch der Springer mit abdecken kann.

Die Aufgaben an konkreten Beispielen eines Tages (Auszug):

- Die Moderation des Morgenkreises übernimmt Manuela.
- Bärbel (Praktikantin) und Ilona übernehmen im Wechsel die Springeraufgaben.
- Ilona lässt sich für den nächsten Tag für den Empfang eintragen.
- Das Freigelände wird diesmal von 2 Kolleginnen im Wechsel abgedeckt. Hier sind Nadine und Monika verantwortlich.
- Einteilung der Schlusskreise. In diesem Kindergarten haben sich drei Schlusskreise bewährt: Powerschlusskreis im Bewegungsbereich, den Ruheschlusskreis in der „Oase der Ruhe" und den Gesprächsschlusskreis im Theaterbereich. Dafür stellen sich Ilona, Nadine und Carola zur Verfügung.
- Kollegin Anke übernimmt die Aufgabe „Türsteher".
- Thomas wird sich ab 9.30 Uhr mit dem Pastor zur üblichen Wochenabsprache im Pfarrbüro treffen.

Angebote:

- Kennenlernen des Spielbereichs „Bauecke" (überwiegend für neue Kinder).
- In der „Oase" wird das Angebot Vorlesen von Carola wiederholt.
- Im „Atelier" arbeitet Manuela mit den Kindern an Collagen in Schuhkartons.
- Die Zirkusgruppe trifft sich mit Monika im „Bewegungsbereich".

Weitere Aufgaben werden gewöhnlich auch abgesprochen und sind bei dem oben genannten Beispiel nicht aufgeführt. Zu nennen sind hier vor allen Dingen die Vorbereitungen zu Projekten und Veranstaltungen, Elterngespräche und gezielte Beobachtungen. An diesem Tag hat Manuela nach der Angebotszeit ein Elterngespräch.

Um 8.15 Uhr ist diese Sitzung beendet. Jetzt können die Erzieherinnen sich auf ihre Angebote vorbereiten und haben Zeit, neu angekommene Kinder und Eltern zu begrüßen. Damit die Kollegin im Empfang Bescheid weiß, übernimmt eine andere die wichtige Aufgabe, sie über die Absprachen und Beschlüsse zu informieren. So sind wirklich alle im Bilde.

5. Erste Freispielzeit

Inzwischen ist es im Kindergarten schon voller geworden, aber dann geht es erst richtig los. In der Eingangshalle und in den Spielräumen begrüßen sich Kinder, Eltern und Erzieherinnen. Die Mitarbeiterin am Empfang hat nun alle Hände voll zu tun. In die Cafeteria kommt Leben, weil einige Kinder zunächst gern mit ihren Freunden frühstücken. Es wird immer lebendiger. Viele spielen, toben oder werken schon, andere wollen erst mal herumgucken und sehen, was los ist, um sich dann entscheiden zu können, in welchem Bereich sie aktiv werden.

Manche Kinder helfen bei den Vorbereitungen der Erzieherinnen und erzählen nebenbei von ihren Erlebnissen zu Hause. Jetzt ist noch genug Zeit, im Kindergarten „warm" zu werden, einige Kinder brauchen zeitweilig die Erwachsenen dafür. Den meisten Kindern, die keine „Neulinge" mehr sind, reicht ein kurzes „Guten Morgen" am Empfang und dann suchen sie ihre Freundinnen oder Freunde. Die Erwachsenen werden erst in der Angebotszeit richtig wichtig.

Bis spätestens 9.00 Uhr sollen alle Kinder eingetroffen sein, denn alle Kinder und Erwachsenen treffen sich nun im Bewegungsbereich zur täglichen Vollversammlung, die hier immer noch Morgenkreis genannt wird.

6. Die tägliche Vollversammlung, Morgenkreis

Vorbereitungen

Kurz vor dem Treffen haben die Mitarbeiterinnen, die ein Angebot vorstellen werden, Materialien oder Muster gesucht, um den Kindern am plastischen Beispiel zeigen zu können, was sie ihnen anbieten wollen. Die Muster werden in der Raummitte ausgestellt und um sie herum entsprechend der Anzahl der möglichen Teilnehmer farbige Symbole als sichtbare Zeichen der Zuordnung bereitgelegt.

So hat Anke zum Beispiel aus dem Baubereich ein paar Bausteine, Eisenbahnschienen und Brückenelemente mitgebracht, die sie aufstellt und um die sie acht quadratische Symbole verteilt, da acht Kinder bei ihrem Angebot mitmachen können.

Auch einige Kinder haben sich an diesem Tag vorgenommen, ein Angebot zu machen. Sie haben das vorher mit der Mitarbeiterin im Emp-

fang abgesprochen, sich entsprechend vorbereitet und legen nun ebenfalls Symbole und Muster dafür aus. Sie können ihr Angebot nur in den
freigebliebenen Bereichen anbieten, denn Priorität haben die Angebote
der Erwachsenen. Bis zum Beginn des Kreises ist oft ein buntes Ange-
botsbild in der Mitte des Bewegungsraumes entstanden.

Zum Morgenkreis wird mit einem Gong gerufen, den täglich ein anderes Kind schlägt. Dieses Signal, das ein wenig an den Schulgong erinnert, wurde übrigens von den Kindern eingebracht. Damit wollten sie ein
deutliches Zeichen für den Beginn des Morgenkreises einführen.

Die Kinder räumen schnell noch ein paar Sachen weg, und dann geht
es in den größten Raum des Kindergartens. Hier setzen sich Kinder und
Erwachsene in einem großen Kreis auf Bänke, Tonnen, Polster, Hocker,
nahezu alles, was sich zum Sitzen anbietet. Nachdem das letzte Kind sei-
nen Platz gefunden hat und auch die Mitarbeiterin aus dem Empfang
von ihrem Rundgang durch alle Räume dazu gekommen ist, wird die
Tür geschlossen und es wird ruhig, ganz von selbst. Alle warten auf den
Beginn und kommen dazu für einen Moment zur Ruhe. Eine ganz kurze
Entspannungsübung „Die Ruhe hören" trägt dazu bei, gelassener in den
Morgenkreis zu gehen. Viele Kinder und die Erwachsenen warten ge-

spannt, einige mit weniger Interesse, vielleicht weil sie schon eine Ver-
abredung für den Tag haben, oder weil sie noch müde sind. Gemeinsam
ist allen, dass sie respektieren, dass sie jetzt überwiegend zuhören werden.
Sie halten sich also zurück und stören nicht.

Manche Kinder, besonders die jüngeren, wenn sie ganz neu im Kindergarten sind, sind noch sehr mit sich selbst beschäftigt und beginnen
zu spielen. Sie müssen sich erst noch daran gewöhnen, dass jetzt vor allem Zuhörzeit ist. Das braucht seine Zeit und soll ja auch erst gelernt und
nicht automatisch gekonnt werden. Diese Ausnahme von der Regel wird
von allen zeitweilig akzeptiert, solange der Ablauf nicht gestört wird.

Der Ablauf der Vollversammlung

Nach der Begrüßung durch die Moderatorin folgt meistens ein Lied, das
mit der Gitarre begleitet wird. Danach werden, falls nötig, einige Themen
des Vortages angesprochen, in denen es oft um Absprachen und Regeln
geht. Manche Kinder möchten etwas berichten oder ein Anliegen aus
dem Kindergartenalltag besprechen. So hat zum Beispiel Tim seinen
Schal verloren. Er hat ihn lange gesucht und bittet die Kinder nun um
Mithilfe. Pia beschwert sich darüber, dass die „Großen" sie immer aus
der Bauecke verjagen. Sofia möchte wissen, ob sie auch ohne Turnschuhe
zum nächsten Bewegungstag mitkommen kann. So kommt es zu Diskussionen über Regeln und Absprachen. Manchmal nützt hierbei ein
„Sprechstein", der von Kind zu Kind herumgereicht wird. Er sorgt dafür,
dass sich alle Kinder nacheinander beteiligen können.

Nachdem die Diskussionen abgeschlossen sind, stellen die Kolleginn-
nen ihre Angebote anhand der Beispiele und Muster vor. So berichtet
zum Beispiel Monika vom Zirkusangebot. Sie fordert die Kinder, die bisher daran teilgenommen haben, auf zu erzählen. Anschließend erklärt
sie, warum sie mit den gleichen Kindern weitermachen möchte. Danach
erläutert Anke ihre Idee für die Bauecke und macht deutlich, dass sie
überwiegend die jüngeren Kinder einladen möchte. Nachdem alle Mitarbeiterinnen ihr Angebot vorstellen konnten, werden nun die Kinder
dazu aufgefordert.

Nach dieser umfassenden Information folgt nun die Entscheidungs-
phase. Die Kolleginnen beginnen der Reihe nach ihre Symbole zu verteilen. Dabei berücksichtigen sie sowohl ihre eigenen Absichten, laden zum
Beispiel Kinder, die ein Ruhebedürfnis signalisieren, zu einem Vorlese-
angebot im Ruhebereich ein. Und sie reagieren auf die Handzeichen der

Kinder. Für Kinder, die an diesem Tag nicht an dem gewünschten Angebot teilnehmen können, wird es wiederholt. Das ist selbstverständlich und in den meisten Fällen möglich. Danach verteilen die Kinder ihre Symbole.

Natürlich gibt es bei der Wahl auch die Möglichkeit sich für kein Angebot zu entscheiden. Diese Kinder können dann in der Cafeteria frühstücken oder mit einer Mitarbeiterin auf das Freigelände gehen oder die frei gebliebenen Bereiche des Kindergartens aufsuchen.

Anschließend gilt es noch einmal kurz zu klären, ob es allen Kindern mit den getroffenen Entscheidungen gut geht. Die Moderatorin bittet die Kinder sich zu melden, falls sie nicht zufrieden sind.

Der Springer verlässt nun mit allen Kindern, die an keinem Angebot teilnehmen, den Raum. Anschließend bittet die Moderatorin nacheinander alle Angebotsgruppen, in ihren Bereich zu gehen. Der so genannte Morgenkreis hat etwa zwanzig Minuten gedauert. Die Angebotszeit beginnt.

7. Die Angebotszeit

Anke trifft sich mit ihrer Kleingruppe auf dem Bauteppich. Die Gruppe hat jetzt mindestens vierzig Minuten Zeit und Ruhe, sich mit dem Angebot intensiv und konzentriert zu beschäftigen und bleibt dabei ungestört. Der Anlass zu ihrem Angebot war ihre Beobachtung, dass die Kinder nicht mehr so viel mit den Naturmaterialien und Bausteinen im Baubereich anzufangen wissen, dass der Bereich insbesondere von jüngeren Kindern nicht besonders wahrgenommen wird. Zudem wurde im Team übereinstimmend vermutet, dass nicht allen jüngeren Kindern die Zusammenhänge zwischen Vorstellung im Morgenkreis, die Bedeutung der farbigen Symbole und Angebote wirklich verständlich waren. Diese Einladungen zu dem Angebot sollten also zweifach wirken.

- Den Kindern sollten neue Anregungen und Ideen für den Umgang mit den Materialien im Baubereich vermittelt werden. Überdies sollte über das Angebot herausgefunden werden, was die Kinder noch interessiert, beschäftigt und was sie ausprobieren wollen.
- Zusätzlich sollten die Kinder hier exemplarisch das Auswahlverfahren der Angebote im Morgenkreis kennen lernen. Anke wird deshalb im anschließenden Reflektionsgespräch noch einmal auf die Bedeutung der Symbole eingehen.

Monika ist mit ihrer größeren Gruppe gleich im „Sportpalast" sitzen geblieben. Gemeinsam werden die Sitzkissen weggeräumt und das Zirkuszelt, bestehend aus einem kleinen, runden Schwungtuch, wird wieder aufgehängt. Genauso, wie bei der letzten Angebotzeit, soll es wieder Mittelpunkt des Geschehens sein.

Alle setzen sich unter das Zelt, um den Ablauf zu planen. Schließlich wird eine Vorstellung angestrebt und die soll richtig gut werden. Die Rollenverteilung von gestern – vom gefährlichen Tiger bis zum Zirkusdirektor – gilt noch und die Kinder haben aus der Freispielzeit vom Vortag noch zusätzliche Ideen mitgebracht. Heute möchten sie sie ausprobieren und verfeinern und Monika soll ihnen dabei helfen. Sie selbst hat aber auch eine neue Idee und möchte einen Sprungreifen für den Tiger einbringen, damit der Tiger nicht nur im Kreis geführt werden muss. Sie lädt erst einmal alle Kinder dazu ein, Tiger zu sein und durch den Reifen zu springen.

Die pädagogische Absicht für dieses eher unscheinbare Angebot entstand aus der Beobachtung heraus, dass einige Kinder in ihrer Körperkoordination beim Springen noch nicht sicher waren. Monika wollte damit einen weiteren Anlass für das Springen bieten und die Kinder verstärkt herausfordern.

Im Raum bilden sich später nach und nach kleine Untergruppen, die an ihrer Darbietung feilen. Monika übernimmt nun die Aufgabe, die Kinder zu unterstützen, indem sie ihre Anfragen beantwortet, mit ihnen auftretende Schwierigkeiten bespricht, Materialien zur Verfügung stellt etc.

Im ganzen Haus und oft auch draußen stehen die Erzieherinnen mit den Angeboten für die Angebotszeit im Mittelpunkt, so wie es die beiden Beispiele zeigen. Sie leiten an, geben Impulse, vermitteln Handwerkszeug und zeigen den Kindern damit neue Möglichkeiten und Wege auf. Gleichzeitig lassen sie sich auch auf die Kinder ein, denn sie wissen, dass hinter den Bedürfnissen der Kinder ihre Lerninteressen stehen.

Die Kinder ohne Angebot sind frühstücken gegangen und genießen die Ruhe in der Cafeteria, sie haben den Rollenspielbereich in Beschlag genommen oder sind mit Nadine nach draußen spaziert, um zu spielen und zu toben. Ilona geht nun ihrer Aufgabe als Springerin nach, sie hat die Cafeteria im Blick und schaut immer wieder nach den Kindern, die sich in den Bereichen ohne Erwachsene aufhalten, prüft, ob es ihnen gut geht und ob sie sie vielleicht unterstützen kann.

Etwa um 10.00 Uhr ist die Angebotszeit für alle zu Ende.

Für die Erwachsenen gilt es nun ein Reflexionsgespräch anzuleiten. Alle Kinder einer Angebotsgruppe kommen kurz zusammen und reflektieren über das abgelaufene Angebot. Die Erzieherinnen fragen die Kinder, wie sie das Angebot fanden, was sie gelernt haben und was ihnen gut getan hat oder ob sie etwas gerne wiederholen würden. Dann berichten sie den Kindern von ihren eigenen Wahrnehmungen und Beobachtungen und drücken besonders ihre Wertschätzung und Anerkennung gegenüber ihren Aktivitäten aus. Selbstverständlich ist, dass die Kinder auch erfahren, was die Erzieherin während des Angebotes dazugelernt hat.

Danach können die Kinder sich entscheiden, ob sie weitermachen wollen oder ob sie alle gemeinsam aufräumen. Meistens wollen viele Kinder noch weitermachen. So kommt es häufig zu dem gewünschten Effekt, dass die Anregungen und Spielideen von den Kindern auf die anderen übertragen werden.

8. Zweite Freispielzeit

Die Erwachsenen ziehen sich nun aus ihrer aktiven Rolle zurück, denn jetzt ist Zeit für die Beziehungen der Kinder untereinander und die Möglichkeiten, die die vier Freiheiten des Freispiels bieten. Die Springer drinnen und draußen übernehmen die Aufsicht und die anderen können sich zusätzlichen Aufgaben widmen.

Eine wesentliche Voraussetzung, sich anderen Aufgaben zu widmen ist dabei zuallererst, dass die Atmosphäre stimmt. Sind die Kinder unausgeglichen, wird die Stimmung unruhig, werden Verabredungen und Regeln nicht eingehalten. Für die Mitarbeiter bedeutet dies, zunächst für eine entspannte Atmosphäre zu sorgen. Der Leser kann sich sicher vorstellen, dass das nicht immer einfach und von vielen Faktoren abhängig ist, dennoch haben solche Störungen Vorrang, damit nichts passiert.

Die Erzieherinnen sind auf jeden Fall präsent und sollen für die Kinder erreichbar sein, wenn sie gebraucht werden. Sie sind jetzt jedoch keine Spielpartner für sie, sondern stehen am Rand, um mit Zeit und Ruhe die Kinder intensiv zu beobachten. Falls möglich, gehen sie anderen Aufgaben nach, wie sie in den nachfolgenden Beispielen beschrieben werden.

■ Manuela hat sich für heute um 10.30 Uhr zu einem Elterngespräch verabredet. Ihr bleibt noch Zeit, ihr Angebot nachzubereiten, indem sie die Ergebnisse kurz protokolliert, und zu frühstücken. Dann trifft sie sich im Mitarbeiterzimmer für eine halbe Stunde mit den Eltern.

■ Anke bereitet ihr Angebot für den nächsten Tag vor. Sie ist auf die Idee gekommen, die alte Murmelbahn wieder einzuführen und holt sie nun vom Dachboden, um sie für das Angebot zu präparieren.

■ Monika ist nach ihrem Zirkusangebot dabei, sich die Rollen der einzelnen Mitspieler noch einmal zu notieren und schreibt auch den Ablauf auf. Sie sucht jetzt nach Impulsen für den nächsten Tag und schaut dabei in Katalogen nach Tiermasken zum Selbermachen. Vielleicht hat Manuela ja Lust, sie mit den Kindern herzustellen. So wird aus dem Zirkusangebot eventuell ein kleines Projekt. Zunächst wird sie jedenfalls erst einmal Nadine draußen ablösen.

■ Bärbel möchte am nächsten Tag die Moderation des Morgenkreises probieren. Sie lässt sich beim Frühstück in der Cafeteria von Thomas einige wichtige Tipps und Hinweise dazu geben.

■ Carola hat sich vorgenommen, ein Kind zu beobachten. Dieses Kind gibt dem Team immer wieder Rätsel auf und nun wird versucht, es über intensive Beobachtungen besser zu verstehen.

9. Aufräumzeit und Schlusskreise

Gegen 11.30 Uhr werden die Kinder an das Aufräumen erinnert. Der Springer geht durch das Haus und macht darauf aufmerksam, dass die Spielzeit in fünf Minuten zu Ende ist. Dieser Modus soll ermöglichen, dass die Kinder nicht überstürzt aus ihrem Spiel gerissen werden, sondern Zeit haben, sich innerlich auf das Aufräumen einzustellen.

Bald danach geht ein Kind mit einer kleinen Glocke durch das Haus und das Klingeln ist das Zeichen, dass nun endgültig das Ende der Spielzeit erreicht ist. Drinnen und draußen wird nun aufgeräumt, und zwar jeder in dem Bereich, in dem er sich gerade aufhält. Das Aufräummotto ist: Jeder hilft, so gut er kann. So wird das lange Suchen nach den eigentlichen Verursachern der aufzuräumenden Sachen vermieden.

Die Mitarbeiterinnen unterstützen diesen von allen ungeliebten Teil des Tagesablaufes und helfen in den Bereichen, in denen am meisten zu tun ist. Gegen 11.45 Uhr ertönt noch einmal der Gong. Dies ist das verabredete Zeichen für die Schlusskreise. Die Kinder kennen sich gut aus und wissen genau, wohin sie jetzt gehen wollen.

- Die Kinder, die noch ein kurzes Bewegungsspiel wollen, begeben sich in den Bewegungsbereich, um mit Ilona „Zehn dicke Ritter" zu spielen. Hier sind übrigens immer die meisten Kinder anzutreffen.
- Eine andere Gruppe bildet sich in der „Oase der Ruhe", um eine Kurzgeschichte von Nadine zu hören.
- Die dritte Gruppe trifft sich auf dem Teppich im Rollenspielbereich. Jetzt können sie noch einmal etwas loswerden und von sich erzählen. Auch hier regt die Erzieherin wieder zur Reflexion an und stellt Fragen zum Verlauf des Tages.

Zur Abholzeit um 12.00 Uhr hat Anke ihre Position am Ausgang eingenommen, um die Türsteheraufgaben wahrzunehmen.

Die Kinder, die im Spätdienst bleiben, bilden eine Eisenbahn und „fahren" aus Ruhe- und Rollenspielbereich als Zug durch die Gruppe der Eltern in den Bewegungsbereich. Dort vertreiben sie sich mit einer Erzieherin mit Spielen und Liedern die Zeit, bis alle Eltern weg sind. Wenn in der Cafeteria, die sich gleich neben dem Ausgang befindet, wieder Ruhe herrscht, können sie ungestört anstatt eines Mittagessens ein zweites Frühstück genießen.

10. Fazit

Der dargestellte Tagesablauf gilt über weite Teile des Kindergartenjahres. Er zeigt auf, wie die vielfältigen Aufgaben und Aktivitäten im offenen Kindergarten im Team koordiniert werden können. Der Alltag ist das Ergebnis einer gelingenden Kooperation unter allen Mitarbeitern, deren Voraussetzung eine gute Kommunikationsstruktur ist. Dabei stellen die täglichen Absprachen nur ein Element dar. Mit dazu gehören auch wöchentliche Dienstbesprechungen und monatlich stattfindende so genannte Themenabende, die immer wieder neue Absprachen, die inhaltliche Planung und die Reflektionen und damit eine Überprüfung des Alltags ermöglichen.

Ziel dieses komplexen Systems ist es, flexibel und vielfältig auf die täglichen Anforderungen zu reagieren und den Kindern viele Möglichkeiten für ihre Entwicklung zu bieten.

Gelegentlich verändert sich die beschriebene Zeitstruktur, zum Beispiel bei manchen Projekten. Im Winterhalbjahr wird zum Beispiel die große Turnhalle des Ortes zu einem so genannten Bewegungstag genutzt, den viele Kinder regelmäßig mitmachen. Hier wird der gewohnte Tagesablauf verändert, damit die ganze Vormittagszeit ausgeschöpft werden kann. Im späten Frühjahr wird in langjähriger Tradition eine Waldwoche angeboten. Dabei wird der Kindergarten für alle Kinder eine Woche lang in den Wald verlegt. Die Zeitstruktur wird dann diesem Projekt angepasst.

Der beschriebene Ablauf ist mit kleinen Veränderungen schon über viele Jahre erprobt. Neben der klaren Orientierung für Kinder und Mitarbeiter hat er sich bewährt, weil die Zeit der Kinder füreinander, die Freispielzeit, und der Zeitraum, in der die Mitarbeiter im Mittelpunkt stehen, eine deutliche Trennung erfahren. Er kommt damit der pädagogischen Absicht näher, dass Kinder sich als Selbstgestalter ihrer Entwicklung erleben können, ohne die Beziehungsgestaltung zu Erwachsenen und die Bereicherung der kindlichen Lebens- und Erfahrungswelt durch Angebote zu vernachlässigen. Er schafft eine für alle verbindliche Grundlage, in der das Leben in einer großen Gemeinschaft gestaltet und organisiert werden kann.

Auf der folgenden Seite wird der Tagesablauf noch einmal in einem übersichtlichen Schema dargestellt.

11. Der Tagesablauf im Überblick

Zeit		Was tun die Kinder?	Was die Erwachsenen?
7.30	Empfang Beginn Frühdienst	Erste Freispielzeit Die Kinder begrüßen sich, treffen ihre Freunde und gehen in die Spielbereiche oder frühstücken, manche setzen sich zur „Empfangsmitarbeiterin". Vorausgesetzt, die Kinder kennen sich gut aus, spielen die Kinder in fast allen Bereichen des Kindergartens.	Eine Mitarbeiterin begrüßt in der Vorhalle Kinder und Eltern, führt die Anwesenheitsliste, ist Infopool für Eltern (Empfang).
7.45	Morgenabsprache		Bis auf den „Empfang" treffen sich alle Mitarbeiterinnen zum Planungstreffen im Mitarbeiterzimmer.
8.15	Vorbereitungen		Angebotsvorbereitungen, kurze Elterngespräche und natürlich Begrüßung der Kinder.
9.00	Morgenkreis	Alle treffen sich im „Sportpalast". Absprachen treffen, Regeln mitbestimmen, Entscheidungen fällen, aufpassen, zuhören, mitreden, singen, Geburtstag feiern, zur Ruhe kommen, Interessen vertreten, zuordnen, beschweren, Ärger loswerden, sich gegenseitig wahrnehmen, zusammen freuen etc.	Moderation Vorstellung der Angebote im Morgenkreis. Beteiligung an der Diskussion. Vorstellung der Zusatzaufgaben, z. B. Springer.

Zeit		Was tun die Kinder?	Was die Erwachsenen?
9.20	Angebotszeit	Die Kinder haben sich im Morgenkreis entschieden und begleiten die Erzieherinnen in die Bereiche. Hier sind sie für die Angebotszeit ungestört und können sich voll auf das Angebot konzentrieren. Kinder, die nicht an einem Angebot teilnehmen wollen, gehen frühstücken oder in die freien Bereiche.	Die Erzieherin steht im Mittelpunkt, zeigt, erweckt Interesse, schafft Bedeutungsanlässe, leitet an, geht auf die Kinder ein, assistiert bei den Forschungsbemühungen der Kinder etc.
		Die Kinder sprechen über das Angebot.	Zum Schluss Anleitung zur Reflektion: „Wie war das Angebot? Was hat es gebracht?" Feedback der Erzieherin.
ca. 10.15	Zweite Freispielzeit	Die Kinder entscheiden, ob sie aufhören oder weitermachen wollen. Freiheiten des Freispiels. Zeit für die Beziehungen der Kinder untereinander.	Die Erzieherin zieht sich aus dem Angebot zurück, dokumentiert ihr Angebot, beobachtet Kinder oder Gruppen, Elterngespräche, macht Vorbereitungen etc.
11.30	Aufräumzeit	Motto: Jede/r hilft so gut sie/er kann.	Die Erzieherin ist mit dabei.
11.45	Schlusskreise	Die Kinder ordnen sich zu: Bewegungs-, Gesprächs- und Ruheschlusskreis.	Zuordnung zu den Kreisen. Der „Türsteher" entlässt die Kinder, die allein nach Hause gehen, und sorgt für einen geregelten Abgang.
11.55	Ende	Die meisten Kinder werden von ihren Eltern empfangen.	

Nach 12.00 Uhr: Die Kinder des Spätdienstes treffen sich zum 2. Frühstück in der Cafeteria.

Literatur zum offenen Kindergarten

Albert-Damaschke, M., Dietz, D., Dörfler, M., Jäger, H.: Öffnung nach innen: Offene Gruppen, in: Orte für Kinder. Erfahrungen und Impulse aus Hessen. Erschienen in der Reihe „Kindergarten", Heft 8, hrsg. vom Hessischen Ministerium für Umwelt, Energie, Jugend, Familie und Gesundheit, Wiesbaden 1996, S. 25–29.

Baumhaus Kindergarten: Konzeption des Ev. Kindergartens der Kirchen-Gemeinde Göttingen-Nikolausberg, Am Schlehdorn 2, Tel. 0551-2923, 1999.

Büchsenschütz, J., Regel, G. (Hrsg.): Mutmachen zur gemeinsamen Erziehung – Zeitgemäße Pädagogik im offenen Kindergarten – (Erprobungsprojekt Cuxhaven), ebv – Hamburg 1991.

Der offene Kindergarten in evangelischen Tageseinrichtungen für Kinder. Informationsschrift für Träger evangelischer Kindergärten der Landeskirche Hannover, zu beziehen beim Diakonischen Werk, Landeskirchliche Fachberatung, Ebhardtstraße 3a, 30159 Hannover.

Dittrich, G., Dörfler, M., Haberkorn, R., Schneider, K.: DJI-Projekt „Orte für Kinder". Öffnung nach innen. Veränderungen von Konzepten, Differenzierung und Integration. Projektblatt 5, Deutsches Jugendinstitut, München 1993.

Dörfler, M.: Der offene Kindergarten, Ideen zur Öffnung aus Theorie und Praxis, in: Orte für Kinder, Juventa, Neuwied 1995.

Dies.: Das ganze Haus ist Gruppenraum, in: Welt des Kindes 3/1995, S. 42–46.

Dies.: Mehr Spielraum für Kinder, in: Kinderzeit 3/95, S. 8–11.

Graf, Ch., Lehmann-Grigoleit, U., Westerberger, S. : Frust als Chance, in: Lindemann, F. (Hrsg.) Modelle gegen den Frust, FIPP-Verlag, Berlin 1996.

Internetseiten aus dem offenen Kindergarten Schloß Ricklingen, http://www.kirche-schloss-ricklingen.de

Klattenhoff, K., Pirschel, R., Wieland, A. J. (Hrsg.): Das Kind zur Rose machen, Zur Philosophie des offenen Kindergartens, Kongressbericht von 1997.

Kühne, Th., Regel, G.: Erlebnisorientiertes Lernen im offenen Kindergarten, ebv – Hamburg 1996.

Dies (Hrsg.): Bildungsansätze im offenen Kindergarten, ebv – Hamburg 2000.

Niehaus-Oschee, A.: Gemeinsame Erziehung im offenen Kindergarten, Zeitschrift Gemeinsam leben, Hamburg 1993, S. 169–172.

Oellerich, E., Santjer, U.: Für die Schule bilden, nicht anpassen, offene Arbeit und Schulfähigkeit, in: Kindergarten heute 7–8/2000, S. 28–31.

Offene Gruppen – Chaos oder pädagogische Erneuerung, Bericht eines Streitgespräches im Hessischen Fortbildungswerk, in: Kita-aktuell, 2/1997 (HRS), S. 30 u. 31.

Offener Kindergarten, info-blättle 2–2000, Caritasverband für die Erzdiözese Freiburg e.V. Referat Tageseinrichtungen für Kinder, Alois-Eckert-Str. 6, Freiburg 2000.

Pliefke, A.: Kinder aus offenen Kindergärten kommen zur Schule – was dann?, in: Kühne, Th., Regel, G. (Hrsg.): Bildungsansätze im offenen Kindergarten, S. 258–265, ebv – Hamburg 2000.

Reidelhuber, A.: Auf dem Sprung ins Ungewisse, in: Welt des Kindes 1/2000, S. 34–41.

Regel, G. (Hrsg.): Kindgemäßes Lernen im Vorschulalter, ebv – Hamburg, 1990.

Regel, G., Wieland, A. J. (Hrsg.): Offener Kindergarten konkret, ebv – Hamburg 1993.

Regel, G.: Zusammenwirkende Strukturelemente offener Arbeit, in: Kindergarten heute 5–6/1992, S. 36–44.

Ders.: Der offene Kindergarten, in: Kindergarten heute 1/97, S. 6–12.

Ders.: Erzieherinnen als Akteure ihrer Pädagogik, in: Klein und groß 1/98, S. 14–18.

Ders.: Die Stärken der Kinder sehen, in: Kindergarten heute 4/2000, S. 30–33.

Ders.: Eine entspannte Atmosphäre als Voraussetzung für Lernen, Entwicklung, Bildung, in: Kühne, Th., Regel, G. (Hrsg.): Bildungsansätze im offenen Kindergarten, S. 22–42, ebv – Hamburg 2000.

Ders.: Gemeinsame Erziehung im offenen Kindergarten, in: 150 Jahre Kindergarten in Hannover, Dokumentation der Landeshauptstadt Hannover, Jugendamt, 1992.

Robbert, R., Die Arbeit in offenen Gruppen, in: Kita – aktuell 9/95 (ND), S. 146–148.

TPS – Offener Kindergarten – Kindzentriert, partizipatorisch, kooperativ, TPS – Heft 2/2000, Kallmeyer'sche Verlagsbuchhandlung Seelze.

Wieland, A. J.: Menschenbild und Methodenkonzept der Handlungsforschung im Zusammenhang mit „offener" Kindergartenarbeit. In: Regel, Gerhard, Wieland, Axel Jan (Hrsg.) Offener Kindergarten konkret, S. 12 – 49, ebv – Hamburg 1993

Weiterführende Literatur

Böhm, W. (Hrsg.): Maria Montessori – Texte und Gegenwartsdiskussion, Klinkhardts pädagogische Quellentexte, Bad Heilbrunn/Obb. 1990.

Caiati, M., Delac, S., Müller, A.: Freispiel – freies Spiel, Don Bosco, München 1984.

Von Cube, F., Alshut, D.: Fordern statt verwöhnen, Serie Piper 949, 1989.

Juul, J.: Das kompetente Kind, Rowohlt, Reinbek 1997.

Dormes, M.: Der kompetente Säugling, Fischer-Verlag, Frankfurt 1993.

Flitner, A.: „Konrad sprach die Frau Mama …", Piper-Verlag, Berlin 1982.

Kautter, H., u. a.: Das Kind als Akteur seiner Entwicklung, Edition Schindele, Heidelberg 1988.

Klein, L., Vogt, H.: Freinet – Pädagogik in Tageseinrichtungen, Herder Konzeptbuch Kindergarten, Freiburg 1998.

Kunz, T.: Weniger Unfälle durch Bewegung, Karl Hofmann, Schorndorf 1993.

Leontjew, A.: Tätigkeit, Bewusstsein, Persönlichkeit, Pahl Rugenstein, Köln 1982.

Maturana, H. R., Varela, F. J.: Der Baum der Erkenntnis, Goldmann TB 1146, 1984.

Miedzinski, K.: Die Bewegungsbaustelle, Verlag Modernes Lernen, Dortmund 5. Aufl. 1993.

Piaget, J.: Meine Theorie der geistigen Entwicklung, Frankfurt/M. 1983.

Regel, G., Wieland A. J. (Hrsg.): Psychomotorik im Kindergarten, ebv – Hamburg, 1984.

Regel, G. (Hrsg.): Psychomotorik im Kindergarten II, ebv – Hamburg 1988.

Rogge, J.-U.: Kinder brauchen Grenzen, Rowohlt, Reinbeck 1993.

Rotthaus, W.: Wozu erziehen. Entwurf einer systemischen Erziehung, Carl-Aue-Systeme-Verlag, Heidelberg 1999.

Sommer, B.: Kinder mit erhobenem Kopf, Kindergärten und Krippen in Reggio Emilia, Luchterhand Berlin 1999.

Ulrich, M., Mayr, T., Engagiertheit und emotionales Wohlbefinden im Kindergarten, in: Kindergarten heute 6/96, S. 3 ff.

Wild, R.: Freiheit und Grenzen – Liebe und Respekt, Mit Kindern wachsen Verlag, Freiamt im Schwarzwald 1998.

Zimmer, R.: Handbuch der Psychomotorik, Herder, Freiburg 1999.